# 艺术跳皮筋

司常水 主编

北京体育大学出版社

策划编辑：吴海燕
责任编辑：吴海燕
责任校对：田　露
版式设计：华泰联合

**图书在版编目（CIP）数据**

艺术跳皮筋 / 司常水主编. -- 北京：北京体育大学出版社, 2020.8
ISBN 978-7-5644-3294-2

Ⅰ. ①艺… Ⅱ. ①司… Ⅲ. ①跳皮筋—小学—教学参考资料 Ⅳ. ①G623.83

中国版本图书馆CIP数据核字(2019)第293034号

**艺术跳皮筋**　YISHU TIAOPIJIN　　司常水　主编

出版发行：北京体育大学出版社
地　　址：北京市海淀区农大南路1号院硅谷亮城2B-421
邮　　编：100084
发 行 部：010-62989320
邮 购 部：北京体育大学出版社读者服务部　010-62989432

印　　刷：北京瑞禾彩色印刷有限公司
开　　本：787 mm × 1092 mm　1/16
成品尺寸：185 mm × 260 mm
印　　张：10
字　　数：250 千字
版　　次：2020 年 8 月第 1 版
印　　次：2020 年 8 月第 1 次印刷
定　　价：60.00 元

# 编 委 会

关槐秀与司常水合影

关槐秀到香山小学指导艺术跳皮筋

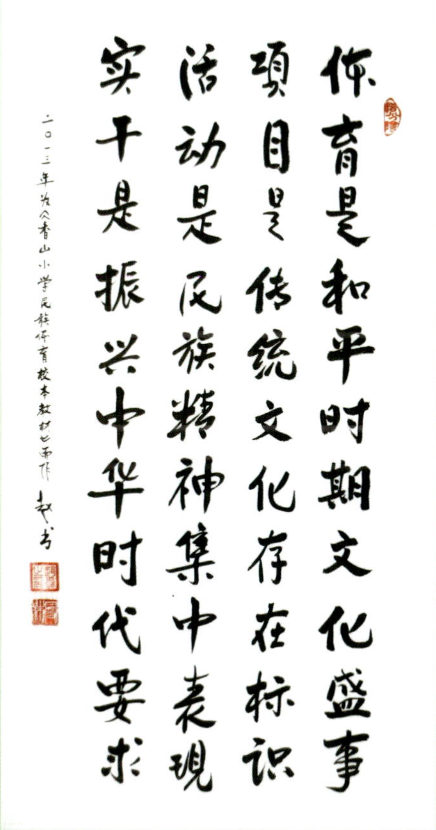
体育是和平时期文化盛事
项目是传统文化存在标识
活动是民族精神集中表现
实干是振兴中华时代要求
赵书

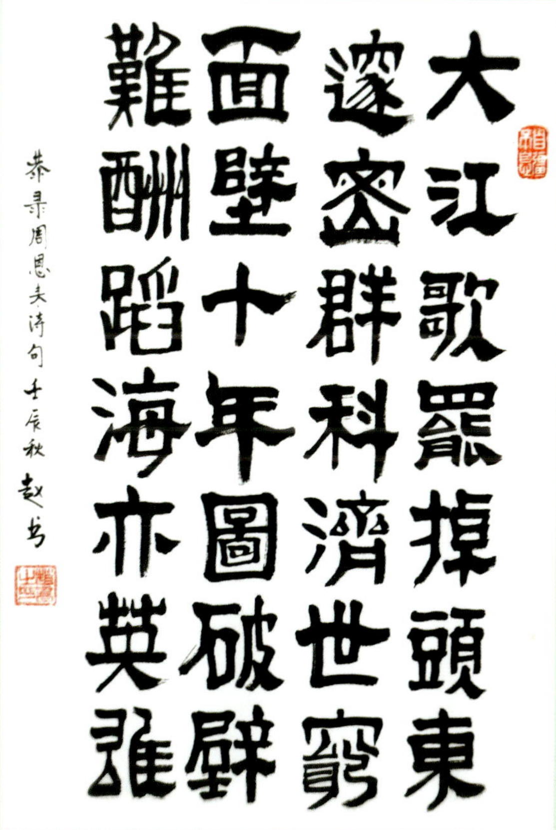
大江歌罷掉頭東
邃密群科濟世窮
面壁十年圖破壁
難酬蹈海亦英雄
恭录周恩来诗句 壬辰秋 赵书

赵书为香山小学题词

# 红叶之歌

——香山小学校歌的创作背景

校歌作为学校的一张名片，是凝聚人心和鼓励师生开拓创新的精神旗帜，是学校历史与文化的浓缩，是学校精神风貌、办学理念和人文精神的具体体现，更是校园文化精髓的集中体现。

用歌声教育学生、影响学生是香山小学创作校歌的动力。教师一致推举樊微微、孙秋芳和吴婷婷三位老师为创作的核心人员。在她们的共同努力下，一首集历史传承、精神风貌、育人目标于一身的校歌孕育而生。

香山红叶出现于金代以前，形成了独特的红叶文化。它傲立风霜、自强不息的精神始终为人们所歌颂。校歌的创作源于红叶精神，并命名为《红叶之歌》。它的创作传承了学校历史，弘扬了学校精神，展现了学校办学理念和教育特色，同时承载着百年历史的积淀与内涵，进一步推动了学校的文化建设，提升了学校的文化品质。

# 红叶之歌

## ——香山小学校歌

1=♭B 4/4

♩=120

作曲：孙秋芳、吴婷婷

作词：樊微微

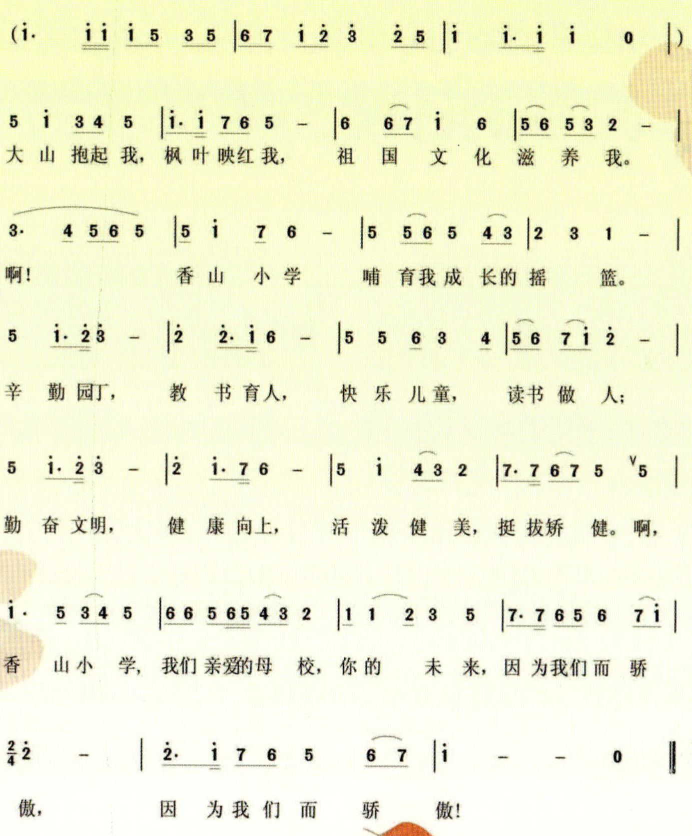

# 香山小学校训：勿以善小而不为

【解释】勿：不要；为：做。不要以为是很小的好事就不去做。

【出处】《三国志·蜀书·先主传》蜀汉昭烈帝刘备遗诏：“勿以恶小而为之，勿以善小而不为。惟贤惟德，能服于人。”

“勿以善小而不为”。一丝小小的微笑，给人信心无限；每日一件小小的善行，足以广结善缘；勿以善小而不为，“善小”不是不足道的，“善小”也含有大义。

学校借用“勿以善小而不为”这句古语作为校训，就是要引导师生“存善心、出善言、行善事、做善人”，构建和谐校园，铸就师生平和的心态，为师生成就至上的修为打下良好的基础。

百年老校

学校操场

童墨轩

# 序

说起跳皮筋，中国的老百姓几乎都不会感到陌生，但随着现代社会的快速发展，体育项目不断推陈出新，作为民间体育的跳皮筋运动在很长一段时间销声匿迹了，即使在“60后”“70后”，甚至“80后”心中也都只剩下跳皮筋的点滴回忆了。迈入21世纪后，我国全民健身热潮一浪高过一浪，党和政府高度重视青少年的健康问题，相继出台了一系列促进青少年身体健康的政策文件，在很大程度上推进了适合青少年参与的体育项目的挖掘、创新与改革进程。中共中央总书记、国家主席、中央军委主席习近平指出，体育承载着国家强盛、民族振兴的梦想。体育强则中国强，国运兴则体育兴。要把发展体育工作摆上重要日程，精心谋划，狠抓落实，不断开创我国体育事业发展的新局面，加快把我国建设成为体育强国。在此背景下，跳皮筋这个项目又焕发出了全新的活力，吸引着“90后”的年轻体育教师去探索、学习它的技术和教法。此时，在体育院校从教近20年的我也有幸拾回童年的记忆，于2016年在关槐秀老师的鼓励与带动下参与了北京市中小学跳皮筋的教学、训练与比赛等系列活动，切实感受到了跳皮筋运动的无穷魅力。

当接到为本书写序的任务后，我还是感到有些意外，诚惶诚恐的同时实在无法推掉耄耋老人、特级教师关槐秀先生的执意邀请，只能践行首都体育学院的校训——“以挑战者精神拼搏创新”迎难而上了。在跳皮筋方面，关槐秀老师是当之无愧的专家，她可以说既是理论家又是实践家，从教几十年兢兢业业，培养了一批批优秀的体育教师，刘佳妮老师就是其培养的众多佼佼者中的一员。初识刘佳妮老师也是因为跳皮筋，她给我的第一印象就是有着明显的体育人的气质，良好形象中透着一股真诚与不服输的劲儿，言行中更是带着思维敏捷的灵气。这些年在关槐秀老师的提携与指导下，佳妮老师已经成长为跳皮筋领域的行家。

海淀区香山小学一向重视民族民间体育项目的开展，多年以来也取得了不菲的成绩，这些成绩的取得与学校领导的运筹帷幄是紧紧联系在一起的。相信跳皮筋项目在这所学校的带领下，一定会生根发芽，开花结果。同时香山小学也会带动小学体育教学中跳皮筋运动的开展，成为跳皮筋项目健康发展的先锋与榜样。

本书从跳皮筋的基本概念、常识、教学内容、形体训练等方面进行了客观、翔实的阐述，图文并茂，文字浅显易懂，可以让读者对跳皮筋运动有一个全面的认识。本书可作为小学跳皮筋教学与训练的教材与参考书。

最后，衷心祝愿民间体育跳皮筋运动在学校开展得越来越好！

杨树东

2019 年 10 月 10 日

# 前 言

素质教育改革30年，特别是推行《体育与健康》新课程标准以来，中小学校教育面貌发生了深刻的变化。随着我国社会经济大踏步发展，学校教育改革将不断深化，作为学校校长和教师的我们，有必要研究学校里的教育哲学，以求从根本上理解学校教育的功能和任务，力争正确选择学校教育目标，以求从根本上理解教学实施方法和策略，力争合理运作学校课程体系。

教师要为创造而教，培养学生创新能力和创新精神。海淀区香山小学根据办学特色，首先从“体育与健康”校本课程开发出发，于2012年邀请民族民间艺术编导、特级教师与学校体育教师组成研究小组，共同研讨，一边了解校史，一边编写校本教材；一边试验，一边展示，并邀请了教育部体卫艺司、北京市民委、海淀区教委、首都体育学院的领导、教授和媒体朋友观摩、指导，并给予师生鼓励。书稿形成，全校语文教师在假期把关文字、修改书稿。《民族体育校本教程》于2013年出版后，就被评为全国优秀校本课程。我们深感这是集体智慧的结晶、集体劳动的成果，在此代表学校向各位领导、专家、媒体、师生的付出表示衷心的感谢！

2016年年底，北京体育大学体育艺术系毕业的刘佳妮老师在关槐秀老师的帮助下，开展民间儿童游戏跳皮筋，尝试着组织课外活动小组，从形体训练开始，师生同创跳皮筋联合动作，并发展校内的竞赛、表演项目。

2017年、2018年、2019年，学校参加北京市跳皮筋比赛，包揽全部组别的冠军，获全市特等奖。多方激励让跳皮筋进入大课间操，走进兴趣社团，并进入体育课堂。

2017年4月，曲宗湖教授（教育部体卫艺司原副司长）带领的九位知名教授、专家走进香山小学观摩指导，一场关于中小学学校教育改革创新的研究在香山小学全面展开。

# 艺体美活动充满校园

古筝班学生集体演练

八旗龙旗阵法演练

大课间游戏

专家、校长与学生一起做欢乐伞游戏

学生书画练习

让我们飞得更高——纸飞机比赛

民族传统体育游戏——狩猎球

学生艺术跳皮筋练习

# 目 录

# 第一章

# 跳皮筋运动概述

## ——发展民族体育优秀项目

游戏是人类历史早已形成的一种娱乐方式，是古老的文化之一，更是一种全面发展的教育手段。随着时间的推移，儿童游戏不论是民族的、民间的、传统的、带器械的、室内的、户外的，还是不同节气玩的，都在变化和发展。这些隐藏在儿童中间生动有趣的游戏（如跳皮筋），是一个个有吸引力的活教材，教育部体卫艺司原司长杨贵仁说：“当孩子快乐地运动时，受益的是整个人类。”

## 一、跳皮筋概述

跳皮筋是一种儿童体育游戏，属于民间传统体育活动范畴。它是以皮筋为主要器材，由单人独立或多人协同配合，按照一定的规则，在两脚交替跑跳中完成各种不同类型与难度动作的全身运动，是充分挖掘人的潜能，展现人的协调与控制能力，并具有一定艺术要求的传统体育项目。

跳皮筋作为民间儿童游戏的一个典型代表，是一种身体实践与体育文化，它对诸多有过此游戏经历的人来说，不仅是童年的回忆，也代表了时代发展的生活轨迹。

跳皮筋运动是民间传统文化和体育文化的重要组成部分，对大众的生活与生产有着深远的影响，其文化根脉深系民族情感，是民俗文化的重要内容。

## 二、跳皮筋的特色

跳皮筋植根于乡土社会，具有浓厚、淳朴、自然的乡土特征。

跳皮筋具有独特的文化底蕴与鲜明的时代印迹。

跳皮筋技术内容丰富，组合变化多样。

跳皮筋歌谣繁多，极富时代特色。

跳皮筋音乐选择面宽，是该项运动的有益补充。

## 三、跳皮筋的起源与发展

相传，跳皮筋起源于明末清初的民间杂技，出现于今天的河北一带，后慢慢在广大人群中推广。

1959 年，在第一届全国运动会闭幕式和第二届全军运动会开幕式上，朝阳区 1800 名少年儿童进行了跳皮筋的表演。

1960 年，北京市体操协会组织人力制定皮筋展示项目规则。

## 四、跳皮筋运动的三个层面

**竞技层面**

竞技跳皮筋源于生活，高于生活，是大众喜闻乐见的竞技体育表演项目，具有很高的艺术欣赏价值。

**大众层面**

大众层面上的跳皮筋运动，又可称为“跳皮筋游戏”，指以跳皮筋的基本技术为基础，采用花样繁多的跳法、变化多端的队形与造型、色彩款式各异的服饰，以及独具风格的音乐与歌谣有机组合而成的套路动作。跳皮筋游戏并不需要调动技术难度，强调健身、娱乐功能，更具生活化、实用化特点。

**拓展层面**

拓展层面上的跳皮筋，是在跳皮筋基本元素的基础上，大量融入体操、艺术体操、健美操、啦啦操、舞蹈等运动项目的元素，逐渐形成一种新兴的体育项目，属于跳皮筋运动的派生项目。

# 第二章

# 艺术跳皮筋运动基础

## ——遵循运动技能形成的规律，增进健康

艺术跳皮筋是一项在不同高度的皮筋上，运动者用两脚交替勾筋的跳跃运动。

通过加工整理，艺术跳皮筋运动有固定的皮筋高度，在各个高度有不同的形体动作。实践证明：这是一项有利于少年儿童全面发展、健康成长的运动，并能够促进师生协作，培养创新能力、创新精神。

# 第一节 艺术跳皮筋的基本动作

## 一、点

站在皮筋中间的一侧，两手叉腰或两臂侧举。一腿原地跳动一次，另一腿随之跳起用前脚掌点地。（图 2–1）

（注：以下基本动作的预备姿势均同“点”）

## 二、迈

一腿向后自然弯曲从皮筋一边迈到另一边。（图 2–2、图 2–3）

图 2–1

图 2–2

图 2–3

## 三、顶

顶分为正顶与侧顶。

正顶：面向皮筋站立，一腿屈膝上举，用小腿正面顶着皮筋。（图 2–4）

侧顶：一腿触皮筋，然后向后屈膝，用小腿外侧或内侧顶着皮筋。（图 2–5、图 2–6）

图 2-4

图 2-5

图 2-6

## 四、绕筋转

一腿原地跳一次，另外一腿迈过皮筋，小腿由里向外（由外向里）绕皮筋，然后随转动跳出皮筋。也可以两腿均在皮筋的一侧，腿触着皮筋，两脚交替向左（右）转动。（图 2-7）

## 五、掏

将绕在腿上的皮筋掏出来，向前掏还是向后掏要看皮筋缠绕的方向。如右腿从里向外绕，就由左脚在右脚后踩住筋，右脚由里向外掏出来，绕几次掏几次。（图 2-8）

图 2-7

图 2-8

## 六、摆压

一腿举起用小腿将筋压下，然后用前脚掌点地。（图 2–9）

## 七、摆勾

一腿摆起用脚腕将高处的皮筋勾下。（图 2–10）

图 2–9

图 2–10

## 八、摆踩

在皮筋的一侧站立，一腿摆起用脚将高度超过头的皮筋准确地踩下；也可以一腿原地跳动一次，另一腿迈过皮筋，然后两脚踩着皮筋或向左右移动。（图 2–11、图 2–12）

图 2–11

图 2–12

## 九、踢

踢，一般在第三高度上做，用脚面或脚掌把皮筋踢起来。（图 2–13）

图 2–13

## 十、转

正转：右(左)脚原地点地，右(左)腿迈进皮筋，右(左)脚点地，左(右)腿迈入，右(左)脚置于皮筋外后侧，右(左)腿迈进来，再置于皮筋外前侧，右脚、左脚两次点地向右(左)转体(共转体 180°），迈入皮筋内，迈出皮筋外还原。

翻转：右(左)脚原地点地，右(左)腿迈过皮筋，右(左)脚点地，左(右)腿迈过，右(左)脚置于皮筋外后侧，右(左)腿过皮筋，再置于皮筋外前侧，右腿、左腿两次向后撤步（共转体 360°），迈过皮筋，再迈回还原。

基本动作一　基本动作二　基本动作三　基本动作四　基本动作五

基本动作六　基本动作七　基本动作八　基本动作九　基本动作十

# 第二节 艺术跳皮筋的高度与形式

## 一、基本高度

艺术跳皮筋运动有三个基本高度。

第一高度：两臂自然下垂拉皮筋。（图 2–14）

第二高度：将皮筋举至与肩齐平。（图 2–15）

第三高度：手臂上举拉皮筋。（图 2–16）

图 2–14

图 2–15

图 2–16

## 二、艺术跳皮筋的形式

艺术跳皮筋的形式有单人跳、集体跳两种。

单人跳由 2 人拉着 3 ~ 4 米长的皮筋，在皮筋的中间，单人跳或多人依次轮流跳。

集体跳是将数条皮筋拉成各种图案，如三角形、四方形、五角形、多边形、菱形、斜线形、人字形、八字形和波浪形等，由许多人同时参与。（图 2–17）

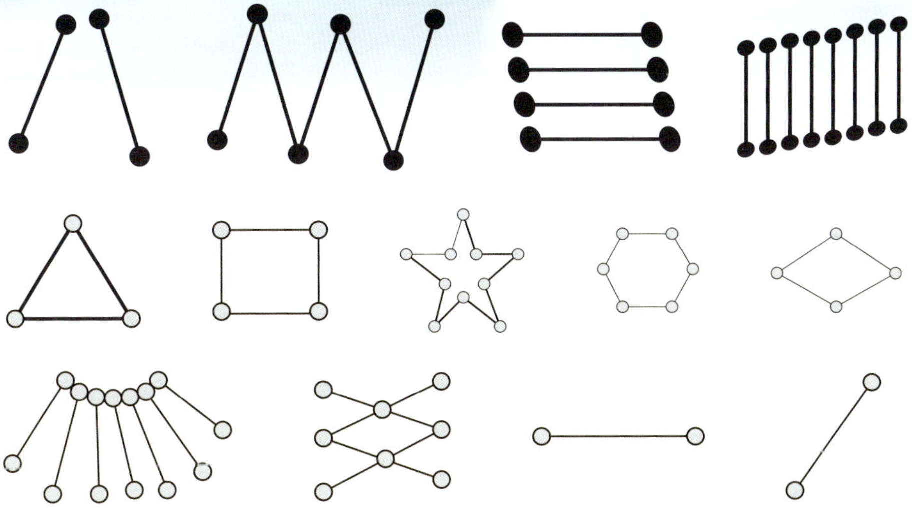

图 2-17

## （一）单人跳法举例

### 1. 第一高度 6×8 拍

（1）第一节 2×8 拍（由点、迈组成）。

第一八拍

1 拍：左腿原地跳，右腿随之跳起，用前脚掌点地，两臂叉腰或自然摆臂。

2 拍：左腿原地跳，右腿屈膝在体后迈过皮筋，右脚于另一侧着地。

3 ~ 4 拍：右腿原地跳一次，左脚跳过皮筋落在右脚后侧，右脚立刻迈过皮筋着地；或右腿在前，左腿在后，交叉站立，皮筋在两小腿中间。

5 ~ 6 拍：左腿原地跳动，右腿在左小腿前迈过皮筋，然后两腿依次原地跳动一次，转体，右脚迈过皮筋在左脚的左后点地，皮筋在两腿中间。

7 ~ 8 拍：左腿原地跳，右脚迈过皮筋在左脚右侧点地一次，然后左右腿依次跳过皮筋，双脚着地。

第二八拍同第一八拍。

（2）第二节 2×8 拍（由点、迈、转组成）。

第一八拍

1 ~ 4 拍：同第一节 1 ~ 4 拍。

5 ~ 6 拍：右脚迈过皮筋使两小腿接触皮筋，向右后转一周，然后右腿迈过皮筋，右脚在左脚的后方着地，皮筋在两腿中间。

7 ~ 8 拍：同第一节 7 ~ 8 拍。

第二八拍同第一八拍。

（3）第三节 2×8 拍（由点、顶、踩组成）。

第一八拍

1 拍：同第一节 1 拍。

2 拍：左腿原地跳，右腿屈膝用小腿内侧将皮筋顶出。

3 ~ 4 拍：两腿依次跳动，然后右脚迈过皮筋，皮筋在两腿中间。

5 ~ 6 拍：左腿原地跳动，右脚原地点地一次，迈过皮筋，左脚右侧点地一次。

7 ~ 8 拍：左腿原地跳动，右脚将皮筋踩住，左脚随之也做踩皮筋动作，然后双脚跟提起。

第二八拍同第一八拍。

**2. 第二高度 6×8 拍**

（1）第一节 2×8 拍（由点、摆压组成）。

第一八拍

1 拍：动作同第一高度第一节 1 拍。

2 拍：左腿原地跳一次，右腿摆起用小腿将皮筋压下。

3 ~ 8 拍：同第一高度第一节 3 ~ 8 拍。

第二八拍同第一八拍。

（2）第二节 2×8 拍（由摆压、绕、掏组成）。

第一八拍

1 ~ 2 拍：同第一节 1 ~ 2 拍。

3 ~ 4 拍：左腿原地跳一次，右脚在左脚右侧点地一次，同时右腿由内向外将皮筋绕在小腿上。

5 ~ 6 拍：右腿原地跳一次，左脚随之迈过皮筋，在右脚的后方着地。

7 ~ 8 拍：左腿原地跳一次，右脚在左脚前点地一次，同时右腿将绕在小腿上的皮筋掏出。

第二八拍同第一八拍。

（3）第三节 2×8 拍（由摆压、绕、转组成）。

第一八拍

1 ~ 4 拍：动作同第一节 1 ~ 4 拍。

5 ~ 6 拍：以右脚为轴，向右后转跳一周，左腿一边迈过皮筋，一边随之跳动。

7 ~ 8 拍：左腿原地跳，右腿将绕在腿上的皮筋由外向内两次绕出。

第二八拍同第一八拍。

**3. 第三高度 6×8 拍**

（1）第一节 2×8 拍(由点、摆勾组成)。

第一八拍

1 拍：动作同第一高度第一节 1 拍。

2 拍：左腿原地跳动一次，右腿侧摆起，用脚面将皮筋勾下。

3 ~ 8 拍：同第一高度第一节 3 ~ 8 拍。

第二八拍同第一八拍。

（2）第二节 2×8 拍（由摆勾、踢组成）。

第一八拍

1 ~ 6 拍：同第一节 1 ~ 6 拍。

7 ~ 8 拍：左脚腕勾着皮筋，右脚面将皮筋踢起。

第二八拍同第一八拍。

（3）第三节 2×8 拍（由摆踩、转组成）。

第一八拍

1 拍：同第一高度第一节 1 拍。

2 拍：左腿原地跳动一次，右腿侧摆起，用脚底将皮筋踩住。

3 ~ 4 拍：向左转体 180°，右脚跟提起，右脚尖着地，将皮筋勾着，两腿依次跳动后成右脚在前左脚在后直立，皮筋在两小腿中间。

5 ~ 6 拍：右腿迈过皮筋，两小腿接触皮筋向右转跳一周，然后右脚迈过皮筋在左脚后着地，皮筋在两腿中间。

7 ~ 8 拍：左腿原地跳动，右脚迈过皮筋踩在皮筋上，左脚随之也踩住皮筋，两脚跟同时提起。

第二八拍同第一八拍。

## （二）集体跳法举例

集体跳的动作与单人跳相同，下面介绍六人跳六人拉筋的简单跳法。

**1. 第一高度 6×8 拍（斜线形）**

第一个联合动作 2×8 拍，三个人在一斜线形的皮筋上跳跃，基本动作是点、过、跳。（图 2–18）

第二个联合动作 2×8 拍，是跳、转的组合。

第三个联合动作 2×8 拍，是跳、顶、摆踩的组合。

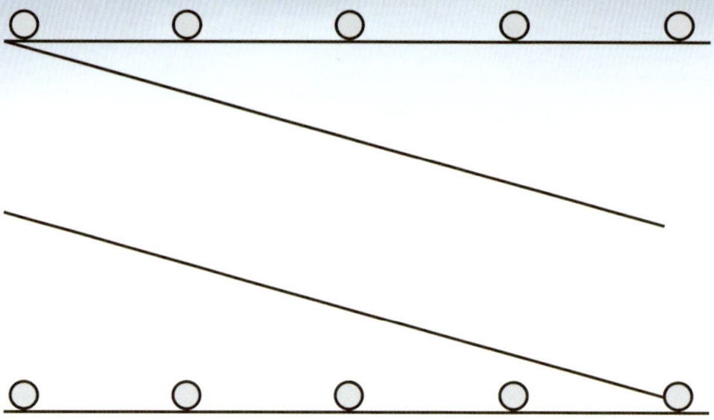

图 2–18

2. 第二高度 6×8 拍（三角形、菱形）

第一个联合动作 2×8 拍，在图 2–19 所示的形状上跳绕、转组合。

第二个联合动作 2×8 拍，在图 2–20 所示的形状上跳绕、掏组合。

第三个联合动作 2×8 拍，在图 2–20 所示的形状上跳摆勾、摆踩组合。

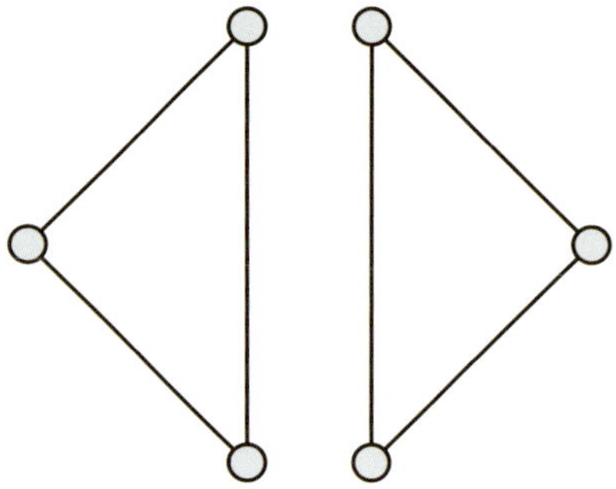

图 2–19

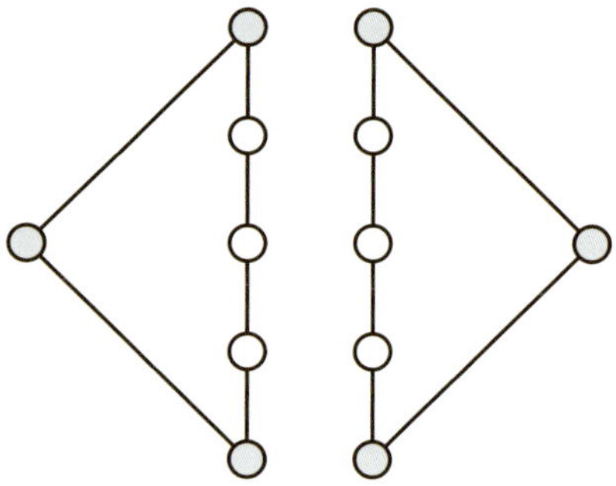

图 2–20

3. 第三高度 6×8 拍（双三角组合形）

第一个联合动作 2×8 拍，在图 2–21 上跳摆压、踢组合。

第二个联合动作 2×8 拍，在图 2–21 上跳摆压、摆踩组合。

第三个联合动作 2×8 拍，在图 2–22 上跳绕掏、绕转组合。

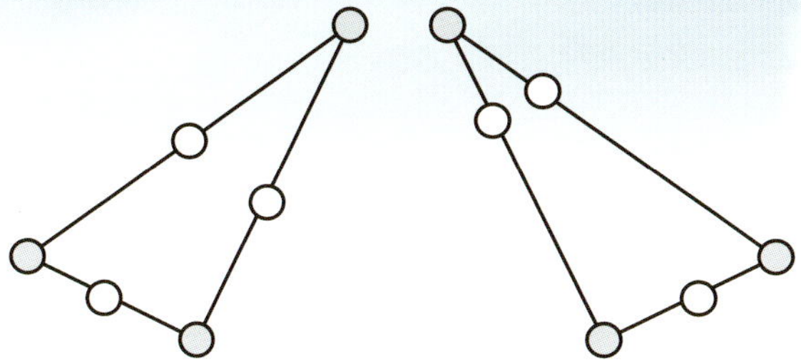

图 2-21

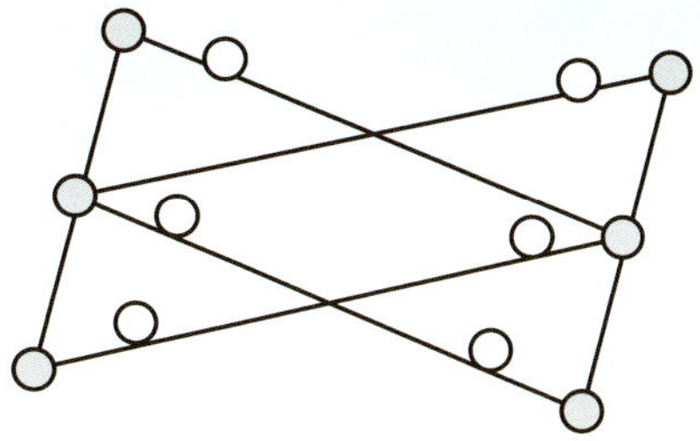

图 2-22

### （三）教法建议

初学时，先让学生练习艺术跳皮筋的基本动作，熟悉后再将几个动作联合起来。动作联合起来后，也要先练习单人跳，再练习集体的多人跳。跳时，两臂可配合跳的动作做舞蹈、体操的简单姿势。

（1）教师可发动学生根据艺术跳皮筋的基本动作创编一些花样（要注意创编出对锻炼身体有价值的动作）。集体跳时，开始和结束都可以做一些简单的造型、体操动作等。中间需要变换图案时可以增加拍节，但无论是单人跳还是集体跳，每一组时间均不宜过长，避免过度疲劳。

（2）拉筋者可以直立拉筋、造型拉筋，也可以随之跳跃或跳跃、拉筋互相替换。

（3）进行跳皮筋表演或参加比赛时，为了使观众看得清楚，可以用彩花、彩纸等将皮筋装饰起来。

成套动作一

成套动作二

# 第三节 艺术跳皮筋相关事项

## 一、跳皮筋的练习形式

跳皮筋这项民间体育运动的练习形式是多样的，具有创新性。从艺术跳皮筋基本跳法上看，可将跳皮筋的基本动作与韵律和舞蹈动作相结合进行联合动作的创编；从艺术跳皮筋的动作节奏上看，可采用说歌谣、唱儿歌或音乐伴奏的形式与跳皮筋的动作相匹配进行联合动作练习。这样可使艺术跳皮筋的动作内容更加丰富、锻炼更加全面。

## 二、跳皮筋的注意事项

跳皮筋活动一般在课间 10 分钟或课外活动时进行，现通过加工进行教材化的处理，编者可根据办学条件、学生技能水平及其身体情况组编动作。

（1）皮筋的高度不宜过高，一般以每次可以连续跳三个不同的高度为宜。拉筋者的高度不要超过跳皮筋者的高度，否则第三高度上的动作就不易完成。

（2）要遵循循序渐进的原则。动作由简单到复杂，由易到难，先单人跳，再多人集体跳。不要只追求跳皮筋的花样和数量的多少，还要注意全面锻炼。集体跳的图案设计也不要过于复杂，要考虑动作方便，要从锻炼效果出发。

（3）跳皮筋的时间要适当，不宜让孩子们长时间连续不停地跳动。儿童神经细胞的工作耐力差，容易产生疲劳，心跳频率较快，呼吸频率也较快，年龄越小，心率越快。因此，运动量的安排也要注意由小到大，使机体的适应能力逐步提高，将肌肉活动和内脏器官机能很好地协调起来。通过实践，水平一跳 1 分钟 30 秒至 2 分钟，在三个不同高度上跳 15 ~ 20 个八拍较适宜；水平二跳 2 分钟至 2 分钟 30 秒，20 ~ 25 个八拍较适宜；水平三跳 2 分钟 30 秒至 3 分钟，25 ~ 30 个八拍较适宜。跳的时间要短，但难度可稍大，密度要小些，活动一会儿，休息一下再活动。总之，不要运动过量，使学生体力负担过重、过分疲劳。根据少年儿童的生理特点以及锻炼要求来安排运动负荷，才能促进少年儿童身体发育，增强其体质。

（4）要注意儿歌的思想性。跳皮筋是少年儿童非常喜爱的一项体育运动，选一首好的儿歌或音乐，就可以对少年儿童进行很好的教育。活动中，应由拉筋者帮助伴唱，否则边唱边跳易影响呼吸器官和声带的发育，同时也不卫生。

（5）皮筋上的装饰不宜过分复杂，要以方便做动作为原则。表演和比赛时，为了便于裁判观看和吸引观众的注意力，可在皮筋上间隔地装饰简单的彩花或花条。

## 三、艺术跳皮筋比赛规则

体育教学或校园内活动时，学校可开展个人、集体艺术跳皮筋展示或比赛，鼓励学生个人或集体创编自己喜欢的跳皮筋内容，激励学生互相学习和自我评价。如果参加市、区级的跳皮筋赛事，要按照市、区级比赛办法练习。

### （一）动作数量的规定

参加比赛的人，必须在 3 个不同的高度上跳出不少于 3 组不同的联合动作。

### （二）皮筋高度的规定

第一高度：两臂自然下垂拉皮筋。

第二高度：两手放在与肩齐平的部位拉皮筋（放胸前也可以）。

第三高度：两臂上举拉皮筋。

注意：拉皮筋的同学必须是直立姿势，皮筋需拉平。拉皮筋的同学要与跳皮筋的同学身高大致相同。

### （三）联合动作规定

每一组联合动作必须由 2 ~ 5 个基本动作组成，但不限制在某一高度上用哪些基本动作组成联合动作。

### （四）质量要求

整套动作要准确、熟练、连贯、协调、舒展、活泼、自然、节奏感强。

### （五）时间

个人跳比赛时间。

水平一：（小学一、二年级）1 分钟 30 秒 ~ 2 分钟。

水平二：（小学三、四年级）2 分钟 ~ 2 分钟 30 秒。

水平三：（小学五、六年级）2 分钟 30 秒 ~ 3 分钟 30 秒。

集体跳比赛：可延长 30 秒 ~ 1 分钟。

### （六）伴奏

比赛时应有伴奏或伴唱，歌词应适合少年儿童的特点，内容要健康，并和动作有一定的联系，歌曲节奏要跳跃、活泼。

### （七）评分方法

采用公开评分方法，最高分为 10 分。最后得分按体操比赛规则中的最后得分方法确定。评分的比例是：三个高度占十分之三，动作数量占十分之五，整个动作完成的质量和伴唱占十分之二（前两项都有完成质量的要求）。集体限 4 ~ 6 人跳（不包括拉皮筋人数），按照水平一到水平三分组进行比赛，男女生不限。

# 第三章

# 艺术跳皮筋运动教学内容

## ——在传承中发展，在发展中创新

新时代需要有创新能力的一代新人，“为创造而教”是当代教育工作者应有的情怀，创造教育与创造教学是学校各学科面临的时代要求。体育教学要有利于培养学生的创造能力与创新精神。

# 艺术跳皮筋的教学内容

| 项目 | 水平一 | 水平二 | 水平三 |
|---|---|---|---|
| 走跑 | 举筋前脚掌走和跑，<br>点、迈、跳动作 | 举筋走跑交替，<br>点、迈、转、掏动作 | 举筋蛇形走跑交替，<br>摆、踩、顶、踢动作 |
| 跳跃 | 跳过单、双筋，<br>顶、绕动作 | 往返跳过摆动筋，<br>转、掏动作 | 跳过双摇筋，<br>摆压、踢（顶）动作 |
| 技巧 | 横、纵叉，勾筋燕式平衡 | 下桥，踢筋、摆踩 | 前、后、侧手翻，转、踩、踢、侧手翻组合动作 |
| 对抗 | 背对拉筋，<br>第一高度联合动作 | 够球拉筋，<br>第二高度联合动作 | 多人拉筋，<br>第三高度联合动作 |
| 表情歌舞 | 《春天在哪里》<br>《可爱的蓝精灵》<br><br>臂的摆动 | 《丰收的歌》<br>《小山鹰》<br>《小机灵的歌》<br><br>腿部节奏 | 《蜗牛与黄鹂鸟》<br><br>上下肢的配合 |
| 韵律舞蹈 | 《大家来跳舞》<br><br>踵趾步、跑跳步 | 《铃儿响叮当》<br><br>跑跳步、侧滑步 | 《快乐的伙伴》<br><br>踏踢步、跳并步 |
| 游戏 | 《老鹰捉小鸡》<br>《对拉翻转》<br><br>4 人跳皮筋组合 | 《渔翁和鱼鹰》<br>《踩尾巴》<br><br>8 人跳皮筋组合 | 《猴子与艺人》<br>《跳流星》<br><br>拉筋与跳筋交换组合 |

# 第一节 走跑，为孩子的身体健康、体态健美加油

走和跑是人体最基本的活动能力之一，走和跑的练习对提高健康水平、增强体质的作用很大，同时又是具有实用意义的体育项目，因此我们将走与跑融入艺术跳皮筋教材。

**教学任务：**教会学生走、跑的正确方法，培养走、跑的正确身体姿态；发展节奏、速度、灵敏、协调等身体素质，适当发展耐力，促进上下肢力量和内脏器官发展；培养团队观念与合作精神。

## 水平一

### 一、举筋前脚掌走和跑

（1）第一高度拿筋，原地踏步。（图 3–1）

（2）第三高度举筋，原地后踢腿。（图 3–2）

图 3–1

图 3–2

【歌谣】

小皮筋，拿在手，脚跟抬起向前走。

小胸脯，要挺起，面带微笑真神气。

【教法建议】

（1）举筋高度可以在低、中、高不同位置。

（2）可按音乐节拍有韵律地走、跑。

（3）可变换不同队形（横排或圆圈等）练习走、跑，也可前进或后退。

## 二、点、迈、跳动作

前脚掌点地，一腿自然弯曲从皮筋一边迈到另一边后做跳跃。（图 3-3、图 3-4）

图 3-3

图 3-4

【歌谣】

小花猫，喵喵叫，早上起来把筋跳。

左边跳，右边跳，小猫乐得胡子翘。

【教法建议】

（1）适合在低位进行。

（2）可左右腿交替练习。

# 水平二

## 一、举筋走跑交替

运用多种步法完成走跑交替、改变方向的练习。（图 3–5）

（1）走步（齐步、高抬腿走、足尖步、碎步）。

（2）跑步（快跑、节奏跑、后踢腿跑、碎步跑、侧滑步跑、交叉步跑）。

（3）舞蹈步（华尔兹舞步、柔软步、跑跳步、踢踏步、变换步）。

图 3–5

【歌谣】

走路要像小孔雀。
挺起胸来，抬起头。
走一走，跑一跑，
脚掌蹬地最重要。

【教法建议】

（1）可增加举筋难度，变化举筋的方法，走与跑有区别。

（2）放松练习时，筋可呈波浪形或曲线形。

（3）分组练习时自创举筋、持筋的变化。

（4）可变换方向地走、跑。

## 二、点、迈、绕、掏动作

右腿自然弯曲，前脚掌点地，从皮筋一边迈到另一边后右腿从里向外绕筋；然后左脚在右脚后踩住筋，右腿由里向外掏出来，绕几次掏几次。（图 3–6）

图 3–6

【歌谣】

小小皮筋我来跳，

点一点，迈一迈，
贴着皮筋转一转。
右脚掏筋脚内旋，
动作一定要连贯。

【教法建议】

（1）点筋动作可根据需要进行增减。

（2）分组练习自创点、迈、转、掏动作。

（3）可变换高度和队形进行图形练习。

## 水平三

### 一、举筋蛇形走跑交替

手举皮筋，交替运用走步、跑步、舞蹈步做蛇形队形变化跑，队列练习后，可做纵叉或其他造型停顿。（图 3–7、图 3–8）

图 3–7

图 3–8

【歌谣】

集合迅速把队站，脚步轻盈身形健。
抬头挺胸向前看，姿态好似云中燕。

【教法建议】

（1）走跑交替，可以采用转体向后或横排走跑，也可以呈圆形队向左、右、前、后走跑，增加练习难度，提高学生的练习兴趣。

（2）放松练习时，皮筋可以举成波浪形或曲线形。

（3）教师引领学生自由组队，自创举筋、持筋、走跑的动作。

## 二、摆、踩、顶、踢动作

运用摆、踩、顶、踢连贯完成组合动作。（图 3–9、图 3–10）

图 3–9

图 3–10

【歌谣】

前点跨筋把筋踩，左脚跟进右脚迈。

左脚后踢筋弹开，双臂展开雏燕来。

【教法建议】

（1）简要讲解、看图片和示范，使学生建立正确完整的动作概念。

（2）先引导学生练习点、摆压、踢的分解动作，再进行完整动作练习。

（3）根据学生掌握动作的情况和能力，逐步增加高度，提高练习难度。

## 第二节 跳跃，让孩子在快乐跳跃中腾飞

跳跃是人体基本的活动能力之一，也是锻炼身体的重要手段，我们将凸显跳跃特点的跳皮筋动作融入教材。

**教学任务：**教会学生跳皮筋最基本的、较简单的跳跃方法，逐步提高学生的跳跃能力；促进学生上下肢肌肉、关节、韧带和内脏器官机能的发展，促进学生的灵敏、协调、速度等身体素质的发展；培养学生敢于实践、勇于克服困难等优秀品质。

### 水平一

#### 一、跳过单（双）筋

站在皮筋的一侧，两手叉腰或两臂侧举。双脚跳过单（双）筋。（图 3-11 至图 3-13）

图 3-11

图 3-12

图 3-13

【歌谣】

小青蛙，起得早，双脚一蹬井里跳。
跳过双筋本领高，跳回井里洗个澡。
跳上井台太阳照，干干净净呱呱叫。

【教法建议】

（1）可设低、中、高不同高度，也可由学生自己选择高度。

（2）高位跳筋时可适当加助跑。

（3）跳筋练习时，可加大跳动频率。

## 二、顶、绕动作

站在皮筋的一侧，两手叉腰或两臂侧上举。动力腿向前成弓步，脚尖点地，主力腿贴紧皮筋向前跳跃（图 3–14），然后还原，靠近筋的腿从里向外绕筋（图 3–15）。

图 3–14

图 3–15

【歌谣】

小羊，小羊，顶顶；看见绿草青青。

小猴，小猴，绕绕；看见满树仙桃。

【教法建议】

（1）此动作适合在低位（膝关节处）练习。

（2）顶可结合点、踏步练习。

（3）绕筋时，教师可带领练习。

# 水平二

## 一、往返跳过摆动筋

一脚起跳，双脚交替摆动过筋。（图 3-16）

图 3-16

【歌谣】

小皮筋，左右摆，
小朋友们跳起来。
眼看准，脚要快，
往返跳来赛一赛。

【教法建议】

（1）跳过摆动筋的方法很多，如正向、侧向等，可逐渐提升练习难度。

（2）摆动筋的形式也可多样，学生可自行创编。

（3）练习形式可采用游戏方式。

## 二、转、掏动作

右（左）腿从里向外绕筋两圈（皮筋缠于腿部两圈），一手将皮筋拿起置于头上，右（左）腿顺时针点地跳动，每次跳动 90°，共 8 次，同时左（右）腿向后抬起至 45° ~ 90°。还原。（图 3-17）

图 3-17

【歌谣】

转筋先要把筋绕，后背挺直手抬高。
身体立稳脚转动，身姿优美亮个相。
掏筋也要把筋绕，上身要稳脚内旋，
动作优美最重要。

【教法建议】

（1）转筋和掏筋的动作方式很多，教师可引导学生自行编排。

（2）转筋和掏筋都要求踝关节灵活，控筋和压筋能力强。

# 水平三

## 一、跳过双摇筋

撑筋人摇动皮筋，跳筋人跳过摇动的皮筋。（图 3-18、图 3-19）

图 3-18

图 3-19

【歌谣】

摇筋同学有节奏，筋一打地往前走。

起跳轻盈不低头，变换花样露一手。

【教法建议】

（1）采用由浅入深的、类似跳绳“8”字跑的方法进行教学。

（2）教学中变换练习方法，增加游戏难度，如持物跑出、跳时变换动作等。

（3）两人一组跳进做臂下翻转，提高学生密切配合的能力。

## 二、摆压、踢动作

一腿后摆，用小腿将筋压下，然后用前脚掌点地后踢成燕式平衡。（图 3-20、图 3-21）

图 3-20

图 3-21

【歌谣】

前点跨筋编个花，转身并腿把筋拉。
双手压腕小燕飞，姿态优美笑哈哈。

【教法建议】

（1）讲解和示范，让学生明确摆压、踢的动作方法和练习要求。
（2）4 人一组或 6 人一组，按要求分解动作练习。
（3）4 人一组或 6 人一组，进行摆压、踢的完整动作练习，提高协调能力。
（4）为激发练习兴趣，可组织比赛。

# 第三节 技巧，提高技巧为生活增添情趣

小学技巧教材包括滚动、滚翻、手翻、倒立、下腰等动作，内容丰富多样，是小学生喜欢的体育课程之一，具有实用价值。我们将技巧动作融入跳皮筋课程。

**教学任务：**教会学生教材中的技巧内容，训练学生的平衡能力；发展灵敏、柔韧、速度等身体素质；培养学生相互学习、相互交流、相互合作、自主体验的好习惯。

## 水平一

### 一、横、纵叉

**横叉：**两腿伸直，左右分开下压，上身直立，手可扶物或人。（图 3–22）

**竖叉：**两腿伸直，前后分开下压，上身直立，手可扶地。（图 3–23）

图 3–22

图 3–23

**【歌谣】**

拉大锯，扯大锯，你过来，我过去，

拉一把，扯一把，小朋友，快长大。

【教法建议】

（1）在教学中可适当安排一些平衡与控制性练习，提高学生的兴趣。

（2）在练习中不要急于求成、用力过猛，避免挫伤学生练习的积极性。

（3）在纵叉基础上练习横叉，动作幅度逐渐加大。

## 二、勾筋燕式平衡

单腿站立，另一腿后举压筋，成燕式平衡。（图 3–24）

图 3–24

【歌谣】

小蜻蜓，大眼睛，
飞一飞，停一停，
飞来飞去捉蚊蝇。

【教法建议】

（1）适合在中、高位进行练习。

（2）分组练习时有一人负责保护，熟练后再独立完成动作。

# 水平二

## 一、下桥

两腿分开站立，两脚间距离与肩同宽，两臂向上举起，挺髋、上体后仰，直至头朝下、两手掌过筋撑地，整个身体呈拱桥状。要求四肢尽量伸直，手脚尽可能地靠近。（图 3–25）

图 3–25

【歌谣】

小手小脚要分开，双手朝上来找肩，
推臂支撑脚靠手，小小肚皮去顶天。
展髋挺腰支撑好，身体变成小拱桥。

【教法建议】

（1）下桥动作可以和后翻动作相结合。

（2）下桥时要求手脚支撑好，身体平稳。

## 二、踢筋、摆踩

（1）单腿站立，另一腿后举，用脚面或脚掌把皮筋踢起来。

（2）燕式平衡站位，动力腿做下压。（图 3-26、图 3-27）

【歌谣】

阳光下，操场上，我们来把皮筋跳。

上下跳筋花样多，跳筋踩筋技术高。

图 3-26

图 3-27 背面图

【教法建议】

（1）踢筋方式很多，可后踢、侧踢。

（2）摆踩筋要求学生腿部柔韧性好，脚踝压筋、踩筋及时。

（3）练习高度在第二高度或第三高度。

# 水平三

## 一、前、后、侧手翻

**前手翻：** 助跑，右腿向上踢，双手撑地，倒立前翻，落地还原。（图 3–28）

**后手翻：** 身体正直站立，身体后仰，两手撑地，身体向后翻，双脚落地的同时两手抬起，还原直立。

**侧手翻：** 一腿向后上方摆起，另一腿蹬地，两手向前下方依次撑地，经左右分腿倒立过程依次推离地面，两腿依次落地。（图 3–29）

图 3–28

图 3–29

【歌谣】

上体侧倒臂前伸，
手脚依次撑摆蹬。
分腿画圆体成面，
手脚落地一条线。

【教法建议】

（1）学生在教师帮助下做分腿手倒立，体会侧翻时的分腿肌肉感觉。

（2）两腿左右开立，向左（右）举腿摆动，体会侧倒移重心和摆腿方向。

（3）学生在教师帮助下，手依次侧撑地，蹬地摆腿成手倒立。

## 二、转、踩、踢、侧手翻组合动作

将转、踩、踢、侧手翻动作任意组合连接成连贯组合动作。例如，转接踩、转接侧手翻、踩接侧手翻等。（图 3-30、图 3-31）

图 3-30

图 3-31

【歌谣】

点地跨筋前编花，
转身一周再出发。
双手上举似托帽，
侧手翻过把腰掐。

【教法建议】

（1）通过视频和挂图认识转、踩、踢、侧手翻动作，建立动作表象。

（2）教师讲解、示范动作，学生原地徒手练习动作。

（3）学生结合音乐进行练习或进行评比。

# 第四节 对抗，让儿童在较量中绽放光彩

早期民间最盛行的对抗以摔跤为主，逐步发展成为少年儿童两人至多人的游戏。有较量就有输赢，这是对生活态度的考验，也是对心理承受力的锻炼。

我们根据艺术跳皮筋中不同高度的举筋和连续跳筋，设计了富于变化的对抗练习，让学生在实践中逐步发展力量、耐力素质，提高运动能力，养成良好的锻炼习惯。

## 水平一

### 一、背对拉筋

皮筋放置腰间，双人背对站好，弓步向前，增加皮筋的阻力。（图 3–32）

图 3–32

**【歌谣】**

两只小象来拔河，分出弟弟与哥哥。
脸红脖粗争高下，锻炼身体笑哈哈。

**【教法建议】**

（1）拉筋位置在腋下或腰部。

（2）可增加皮筋的粗度和宽度，更有利于学生用力及安全。

（3）拉筋时可采用争抢和比距离的游戏方式，提高学生兴趣。

## 二、第一高度联合动作（基本动作组合）

预备姿势时，皮筋在身体一侧。在第一高度做各种基本动作的组合。

【歌谣】

走走，走走走，我们小手拉小手。
走走，走走走，一同去郊游。
白云悠悠，阳光柔柔，青山绿水，一片锦绣。
走走，走走走，我们小手拉小手。
走走，走走走，一同去郊游。

【教法建议】

（1）可先在低位进行点、迈、顶、绕，然后再提高到中、高位进行勾筋燕式平衡。
（2）教师可对基本动作进行不同方式的组合，也可由学生自己组合。
（3）可通过比赛形式提高学生兴趣。

# 水平二

## 一、够球拉筋

两人背向站立，皮筋成环状，置于两人腰间，两人同时成弓步对抗皮筋拉力，向前够球。（图 3-33）

图 3-33

【歌谣】

小皮筋，两人拉，左动动，右晃晃。

大家一起来使劲，看谁最先碰到球。

【教法建议】

（1）这是一种配合拉筋的练习，也是一种平衡与力量的对抗。

（2）练习方式可采用游戏、对抗摸球、捡物等形式。

（3）拉筋的位置可在胸部、腰部。

（4）可拓展为四人拉筋够球。

## 二、第二高度联合动作

多人一组，学生根据所学基本动作自由做不同的组合动作。（图 3–34）

图 3–34

【歌谣】

一点二迈筋上转，绕筋掏筋加旋转。

如同跳动小音符，这根筋上轻轻舞。

那根筋上摆踩踢，皮筋跳好显才艺。

【教法建议】

（1）第二高度基本动作很多，可以自行创编组合动作。

（2）皮筋的形状可以变化多样。

# 水平三

## 一、多人拉筋

多人拉筋，自由创编练习动作。（图 3-35、图 3-36）

图 3-35

图 3-36

【歌谣】

音乐声起向前跑，对面举筋上下摇。

里外配合变三角，散开围圆再聚焦。

【教法建议】

（1）徒手练习多人拉筋技术动作，体会动作要领和节奏感。

（2）分组进行多人拉筋动作练习，教师指导。

（3）各组进行多人拉筋动作评比。

## 二、第三高度联合动作

根据第三高度的基本动作，自由创编组合动作。

**【歌谣】**

前点跨筋编个花，转身并腿把筋拉。
重复点跨前编花，转身一周再出发。
再点再跨把筋踩，左脚跟进右脚迈。
左脚后踢筋弹开，双臂展开雏燕来。

**【教法建议】**

（1）练习第三高度联合动作时，先徒手练习，再分组练习。

（2）分组进行第三高度联合动作表演。

# 第五节　表情歌舞，为儿童创造力提供驰骋的空间

表情歌舞是小学生比较喜爱的一种舞蹈形式，一般都有一定的主题思想，结合歌词内容边唱边做各种不同表情，抒发自己的情感，可促进学生身心健康成长，培养韵律感和协调性。

## 水平一　以臂的摆动为主的练习

### 一、春天在哪里

以臂波浪动作为主，增强肩胛带肌力量。

音乐：《春天在哪里》。

人数：不限。

队形：排成横、纵、圆形队均可。

【动作说明】

预备姿势：面对皮筋，两手叉腰站立。

1 ~ 2 小节：两臂侧举做臂波浪，同时两脚做小碎步顶筋动作。（图 3–37）

3 ~ 4 小节：骑筋，两臂斜上举，手心向内。（图 3–38）

5 ~ 8 小节：两臂侧举，做臂波浪，左脚踩筋，向左转一周。（图 3–39）

9 ~ 12 小节：两臂轮流做肩侧屈，手心向上，然后左转骑筋，双臂再斜上举 4 次，手心向内。（图 3–40）

13 ~ 17 小节：骑筋，两臂胸前交叉，直臂经侧绕环一周后上举，同时左转，重心移至前脚，后脚尖点地。（图 3–41、图 3–42）

图 3-37

图 3-38

图 3-39

图 3-40

图 3-41

图 3-42

## 二、可爱的蓝精灵

音乐：《可爱的蓝精灵》。

人数：不限。

队形：站成圆形队或点阵队形均可。

### 【基本动作】

**1. 点步**

主力腿膝伸直，前脚掌着地；动力腿在主力腿旁，用脚掌做前点、后点、点移、点转等动作。（图 3-43）

2. 横垫步

两腿夹筋，主力腿膝稍屈，用脚跟及脚的外沿碾步，横走，脚掌踏地。（图 3–44）

3. 三步一抬步

右脚起步向侧（前）方走三步，第四步左脚掌向后捺地再向后抬左小腿。左脚起步时右脚掌向后捺地，向后抬右小腿，此动作也可转身做。（图 3–45）

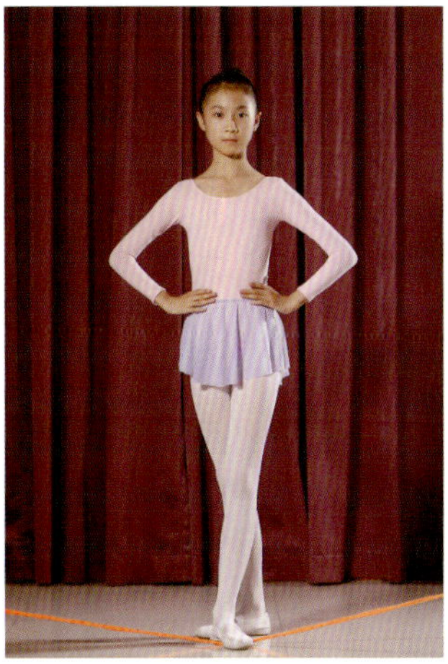
图 3–43

图 3–44

图 3–45

【动作说明】

预备姿势：左丁字步，臂自然下垂，手心向下。

第一段

1 ~ 2 小节：右脚做踏点步，每拍一动，同时两手胸前击掌 1 次再打开，手心向上，共做两次。

3 ~ 4 小节：继续做踏点步，每拍一动，双臂由侧举至斜上举，手心相对。

5 小节：踏点步，每拍一动，两臂左斜上举，同时双手向里做翻腕动作。

6 ~ 7 小节：踏点步，每拍一动，左臂不动，右臂屈肘慢慢由上经体前打开，手心向上举至右侧，头随之左右摆动。

8 小节：踏点步，每拍一动，同时两臂屈肘举起，手指触脸，头随之向左右各摆动一次。

第二段

1 ~ 2 小节：向右做横垫步，上体向左后倾，同时两臂向右前上方举，两手随节奏前后摆动（仿招呼状）。

3 ~ 4 小节：原地踏点步，两臂屈肘体前举，手心向前，同时随上举向左右各摆动 2 次。

5 ~ 8 小节：手拉手做三步一抬步，右脚开始，做 4 次。

9 ~ 11 小节：做踏点步，两臂上举，手心相对，随着踏点步每拍做向里翻腕 1 次，左后转 1 周。

12 小节：左腿直立，右腿屈膝后抬，然后脚掌侧点地，双臂肩侧屈做移颈动作。（图 3–46）

图 3–46

## 水平二 以腿部动作为主的练习

### 一、丰收的歌

音乐：《丰收的歌》。

人数：不限。

队形：4 人或多人撑筋，队形可采用正方形或菱形，跳筋者站在每个点位之间，利用站位及四肢控制皮筋，把皮筋撑至圆形。

#### 【基本动作】

**1. 跑跳步**

在跑的过程中，使摆动腿高抬，原本摆动向前变为摆动向上，形成跳起落下再跳起的姿态，而运动的过程又是向前的。具体动作是，在跑的时候，右腿高摆，之后双腿同时腾空，保持姿势（右腿高抬腿、左腿自然在下，定格），自然落下（左脚先落地并转换为摆动腿，右脚稍后于左脚落下变为起跳腿），重复以上动作。

**2. 跳踢步**

1 拍：左腿踏跳，右腿随之抬起，膝关节稍屈，两臂置于体前，手心向下，自然屈肘。

2 拍：右脚落地，左脚向前踢出，两臂上举，两手向外抖腕 1 次。

【动作说明】

预备姿势：舞蹈开始前，先将参加舞蹈者分成人数相等的若干小组，如 1 ~ 4 报数，每 4 人一组，排成一个大圆圈，全体学生双手叉腰自然站立。

前奏：两手叉腰自然站立。

第一八拍

1 ~ 4 拍：在原地做跑跳步，同时两手经体侧上举，两手呈太阳状。

5 ~ 8 拍：同 1 ~ 4 拍，唯有两手在头上向左、右各摆动 1 次。

第二八拍

1 ~ 4 拍：向圆心做跑跳步，两臂由体侧上举，与肩平，手心向上。

5 ~ 8 拍：继续做跑跳步，左后转弯跑回原位，面向圆心。手的动作同 1 ~ 4 拍。

第三八拍

1 ~ 4 拍：做跑跳步，每 4 人一组围成若干小圆圈，两臂自然侧举。

5 拍：右腿向前迈出 1 步，左脚尖着地，同时右臂斜上举，左臂斜下举。

6 ~ 8 拍：不动。

第四八拍

1 ~ 8 拍：两臂自然上举，做跑跳步退到圆上。

第五八拍

1 ~ 4 拍：1 数者做跑跳步向圆心密集，两手由体侧慢慢举起。其余 3 人与 1 数者做相同的动作，但站在 1 数者后面，排成一队。

5 拍：1 数者右脚向前迈出 1 步，左脚尖点地，两手持筋上举（图 3–47）；2 数者做左弓步，两手持筋上举（图 3–48）；3 数者、4 数者右腿跪地，右手持筋斜上举，左手在斜前方撑筋（图 3–49）。

6 ~ 8 拍：不动，队形如图 3–50 所示。

音乐最后两小节时，全体学生边拍手边做跑跳步回到大圆圈上。第二遍音乐开始，继续舞蹈。

【教法建议】

此舞的主要动作是跑跳步，活动量较大，一般重复 2 ~ 3 次为宜，中间可以稍作休息再起舞，为了调节活动量，也可以结合歌词内容把跑跳步都改为踏点步。

图 3–47

图 3–48

图 3–49

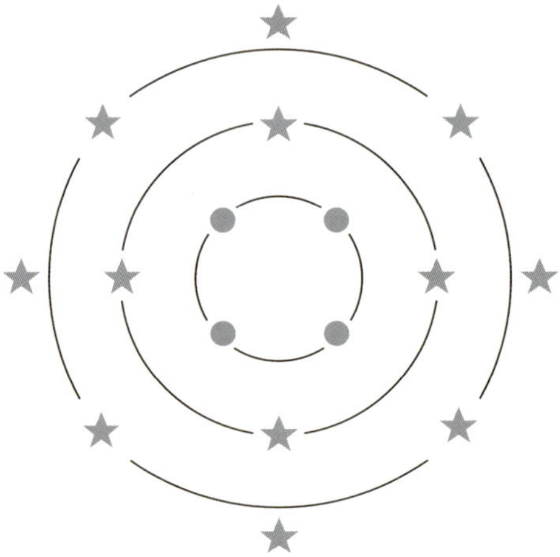
图 3–50

## 二、小山鹰——圆圈舞

这是一个以藏族民间舞蹈为基础的集体舞，采用圆圈舞的形式，舞蹈动作抒情，富有诗意。

音乐：《小山鹰》。

人数：不限。

队形：排成圆圈，面向圆心站立。

### 【基本动作】

**1. 前后踏步**

1 拍：左腿压筋，前半拍左脚尖在身后踏 1 下，后半拍左脚回到原地踏 1 下，

同时两手向后摆动。（图 3–51）

2 拍：左脚在身前踏 1 下，再回原地踏 1 下。两手向前摆动。（图 3–52）

**2. 三步一踏步**

1 拍：直立，皮筋在左侧，右腿向前 1 步，随之自然屈腿。

2 拍：左腿向前 1 步。

3 拍：右腿向前 1 步跨过皮筋。

4 拍：左腿原地踏 1 步，随之自然屈腿后伸直。

做 1 ~ 4 拍动作时，两手经体侧慢慢斜上举，模仿鹰展翅动作（图 3–53）。然后左脚开始向后做三步一踏动作，身体前倾，两手随之后举（图 3–54）。

图 3–51

图 3–52

图 3–53

图 3–54

### 3. 带筋做鹰飞步

1 拍：左腿向前踏跳 1 步，同时右腿抬起向斜前方伸出压筋，脚尖点地，右臂上举，左臂前举，两臂自然弯曲（图 3–55）。还原。

2 拍：同 1 拍动作，但出右腿，左臂上举。

3 拍：左、右脚向前各踏跳 1 次。

4 拍：同 1 拍。

5 ～ 8 拍：同 1 ～ 4 拍，但先出右腿。

### 4. 带筋做弦子步

1 拍：左腿向左侧迈一步。

2 拍：右腿跨过皮筋向左前迈一步。

3 拍：左腿再向左侧迈一步。

4 拍：右腿弯曲着抬起来，以髋为轴，由里向外做绕动。同时左脚原地跳动 1 次，两手随着舞步自然而动，右手由右下方上举。（图 3–56）

5 ～ 8 拍同 1 ～ 4 拍，但动作方向相反。

图 3–55

图 3–56

### 5. 带筋做跳转步

每 2 拍转半圈，每 4 拍转 1 圈。

1 拍：左臂举起到左上方，右手自然置于右下方，踏左脚，接踏右脚迈过皮筋，逐步向左转。

2 拍：左腿原地踏跳 1 次同时进筋，右腿自然摆起，逐步向左转动。（图 3–57）

3 拍：右手举起到左上方，左手自然置于左下方，踏右脚，接踏左脚，逐步向左转。

4 拍：踏右脚迈进筋，左脚原地跳 1 次，逐步向左转，右脚自然提起后于左腿右前方点地。（图 3–58）

图 3–57

图 3–58

【动作说明】

预备姿势：按规定队形自然站立或者手拉手站立均可。

前奏：做前后踏步 5 次。

第一八拍

向前做三步一踏步 1 次。

第二八拍

做三步一踏步向后退 1 次。

第三八拍

1 ~ 4 拍：由左脚开始做鹰飞步 1 次。

5 ~ 8 拍：由右脚开始做鹰飞步 1 次。

第四八拍

1 ~ 2 拍：由左脚开始做弦子步 1 次。

3 ~ 4 拍：由右脚开始做弦子步 1 次。

5 ~ 6 拍：同 1 ~ 2 拍。

7 ~ 8 拍：同 3 ~ 4 拍。

最后四拍

做跳转步 1 次。

第三遍音乐最后 12 拍动作，右脚向左脚并拢，同时胸前拍手 1 次，然后两手由胸前向上绕至自然侧举，手心向上，同时右腿提起，在最后一拍时上体稍前倾，右脚脚跟在前着地。

【教法建议】

此舞也可以让学生站成同心圆，站在内圆的人做动作，站在外圆的人原地做前后踏步，一遍音乐后的间奏，内外圆的人互换位置。

## 三、小机灵的歌——腿部的节奏练习

结合欢快的律动节奏，练习点、迈、绕、顶等跳皮筋的基本技巧动作，从而锻炼学生的腿部力量和关节的灵活性，让学生感知律动节奏带来的美。

音乐：《小机灵的歌》（日本动画片《聪明的一休》主题歌）。

【动作说明】

第一、第二八拍：在皮筋中间举筋、压筋，一拍一动，原地踏步转 1 圈。

第三、第四八拍：重复前两个八拍。

第五、第六八拍：1 个点筋动作，1 个迈筋动作，左右脚交替跳筋，右脚向内迈筋后左右脚还原。

第七、第八八拍：1 个点筋动作，1 个迈筋动作，左右脚交替跳筋，3 个踩筋，左右脚还原。

第九、第十八拍：1 个点筋动作，1 个迈筋动作，1 个绕筋动作，1 个掏筋动作。

第十一、第十二八拍：做右脚正顶筋动作。

第十三八拍：前后踏步。

第十四八拍：二次举筋、压筋。

第十五、十六八拍：1 个点筋动作，1 个迈筋动作，左右脚交替跳筋，左脚向筋内迈 1 次，左右脚交替跳筋。还原。

第十七八拍：1 个点筋动作，1 个迈筋动作，左右脚交替跳筋。3 个踩筋动作，左右脚交替跳筋。还原。

第十八、第十九八拍：1 个点筋动作，1 个迈筋动作，1 个跳筋动作，1 个掏筋动作。还原。

第二十、二十一八拍：做 2 次侧顶筋。

## 水平三　以上下肢配合为主的练习

### 蜗牛与黄鹂鸟

舞蹈内容与动作主要取材于植树活动。

音乐：《蜗牛与黄鹂鸟》。

人数：不限。

队形：排成同心圆队形

**【基本动作】**

**风摆柳**

1 拍：左腿向左侧踏一步，两臂上举。

2 拍：右脚迈过筋向左脚靠拢，两腿略屈，两臂左右摆动。（图 3-59）

3 ~ 4 拍：分别同第 1 拍、第 2 拍，但方向相反。

图 3-59

**【动作说明】**

预备姿势：全体学生两手叉腰，自然站立。

第一个八拍

做风摆柳动作，双臂每两拍摆动 1 次，共摆 4 次。

第二八拍

1 ~ 2 拍：左腿向左横跳 1 步，右腿落在左腿后，半蹲。两手向后伸。

3 ~ 4 拍：不动。

5 ~ 6 拍：右腿向前跳 1 步，左脚在右脚前点地，同时两手张开，放在嘴边模仿歌唱动作。

7 ~ 8 拍：还原。

# 第六节 韵律舞蹈，让孩子和谐发展走向成功

音乐律动舞蹈是按照音乐的旋律有节奏地做一些简单而有规律的走、跑、跳等基本动作，比较形象地模拟生产劳动、动物活动等场景或形态。

教学任务：提高学生学练兴趣，训练大脑皮层反应的灵敏性，从而加强学生的音乐感，更好地掌握音乐游戏和舞蹈中的基本动作。书中借鉴外国儿童舞蹈编排，共三部分内容，以提高跳皮筋的趣味性。

## 水平一 以踵趾步和跑跳步为主的练习

这是儿童游戏舞蹈，动作幅度大，能活动全身，节奏鲜明、欢快、跳跃。

音乐：《大家来跳舞》。

人数：不限。

队形：横队站成体操散点队形，集体或每两人一组面对面。

【动作说明】

预备姿势：面对皮筋，两手侧举，双腿分开站立。（图 3-60）

**前奏**

1 ~ 4 小节：按音乐或口号节奏原地踏步，做两次并步或左脚向右的侧踢步，第二次并步或侧踢步结束时可运用迈筋、踩筋基本动作，然后出筋还原。迈筋、踩筋时，脚尖方向为斜外 45°，然后做反方向动作。（图 3-61 至图 3-63）

**第一段**

1 小节：一拍双腿屈伸一次；1 ~ 2 拍，右转体，两脚并拢；3 ~ 4 拍，右臂前举，左手叉腰，头向左转；5 ~ 6 拍，右臂弯曲收回，右手立于左肩前，左臂弯曲置于背后；7 ~ 8 拍，右转 180°。（图 3-64、图 3-65）

2 小节：在反方向重复 1 小节动作。

3 小节：右臂在胸前左右摆动。

4 小节：原地跑跳步向右转 1 周。

图 3-60

图 3-61

图 3-62

图 3-63

图 3-64

图 3-65

**第二段**

1 ~ 4 小节：动作同第一段，但动作方向相反。

**第三段**

1 小节：1 ~ 2 拍，左腿跨过皮筋屈膝，右腿前伸至皮筋下方，脚尖触筋，成小幅度踢筋，左臂前举，右臂上举贴耳朵（图 3–66）；3 ~ 4 拍，左腿跨回，并步直立（图 3–67）；5 ~ 6 拍，右腿弯屈，左腿小踢筋（图 3–68），右手向下滑动至身体后侧，左手置于大腿处；7 ~ 8 拍转身 180°，双腿微曲，左臂斜垂于体前，右臂背后（图 3–69）。

2 小节：重复 1 小节动作，7 ~ 8 拍不转身。

3 小节：1 ~ 4 拍，2 拍一动，脚尖左右摇摆；5 ~ 8 拍转体 180° 做与 1 ~ 4 拍相同的动作。（图 3–70、图 3–71）

4 小节：动作同本段第一小节。

图 3–66

图 3–67

图 3–68

图 3–69

图 3–70

图 3–71

**第四段**

1 ~ 4 小节：动作同三段，但动作方向相反。

**第五段**

1 ~ 2 小节：双手叉腰，并脚向前、向后各跳 1 次。

3 小节：双手做左右摆手动作。

4 小节：双手叉腰，并脚向前跳 1 次。

## 水平二 以跑跳步和侧滑步为主的练习

这是以滑雪时的欢乐情景为题材，由活泼的跑跳步、侧滑步为主编排的儿童集体舞。

音乐：《铃儿响叮当》。

人数：不限。

队形：4 人一组，拉手成小圆圈，所有组排列成一个大圈。（图 3–72）

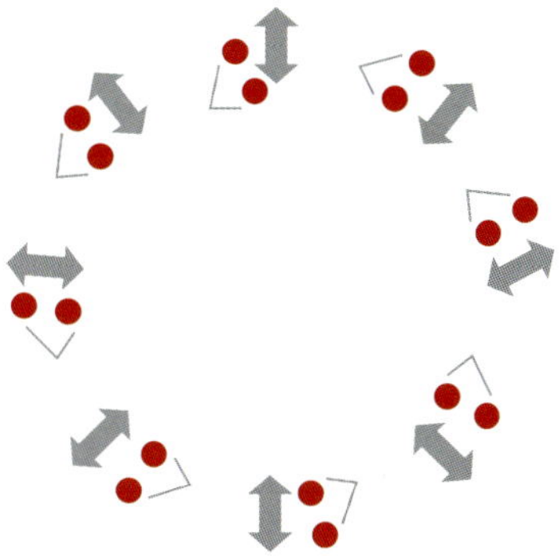

图 3–72

**【基本动作】**

**1. 带筋跑跳步**

在跑的时候，右腿高摆，之后双腿同时腾空，保持姿势（右腿高抬腿，左腿自然在下，定格），自然落下时迈进筋（左脚先落地并转换为摆动腿，右脚稍后于左脚落下变为起跳腿），重复此动作。注意手臂自然摆动，比正常跑步摆动的幅度要大。

**2. 带筋侧滑步**

两足置于筋内。左右开立，脚尖向前，相距一足。左脚尖朝左，提踵同时足跟靠拢右脚跟处，当左脚压脚跟时，右脚伸直，全脚掌向右平滑一步，脚尖向前，可以向右连续完成横滑动作。

**【动作说明】**

预备姿势：两手叉腰站立。

1 ~ 4 小节：以组为单位带筋跑跳步向逆时针方向行进。

5 ~ 6 小节：放开手，前两人带筋跑跳步向后行进转 1 圈，回原位，后两人跟着转1圈，回原位。（图 3–73）

7 ~ 8 小节：继续转 1 周成大圆圈，面向里圈拉手。（图 3–74）

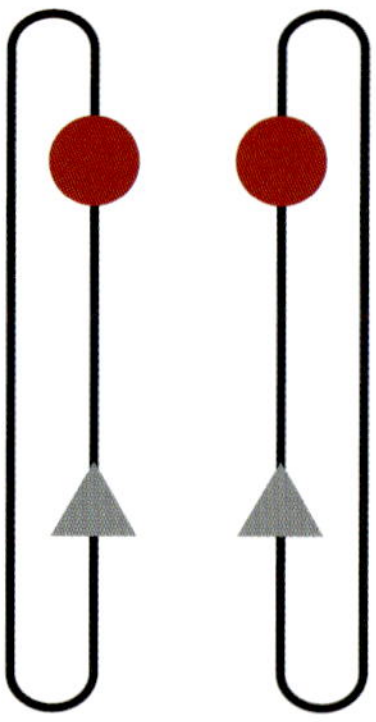

图 3–73

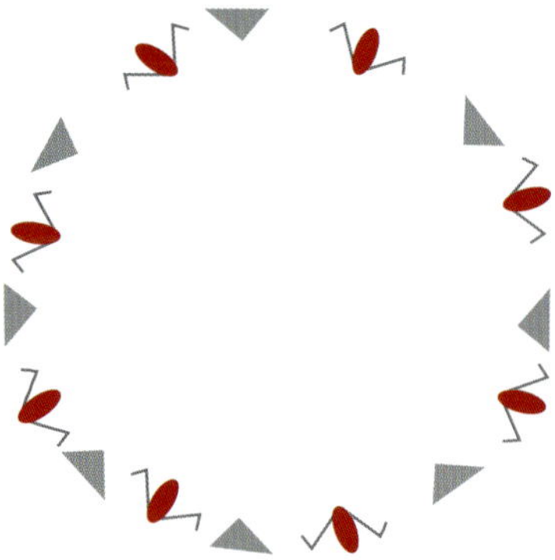

图 3–74

9 ~ 10 小节：左脚开始向顺时针方向做 8 次侧滑步（即左脚向左跨越一步，右脚随之跟上）。

11 ~ 12 小节：放开手，沿顺时针方向拍手做跑跳步。

重复 9 ~ 12 小节动作，方向相反。

## 水平三　以踏踢步和跳并步为主的练习

这是儿童游戏舞，以双脚并跳，每两人一组对跳的形式编排，动作欢快、跳跃。

音乐：《快乐的伙伴》。

人数：不限制，但要求双数。

队形：排成圆队形，面向圆心站好。

### 【基本动作】

**1. 踢踏步**

1 拍：左（右）腿原地踏一步。

2 拍：左（右）腿跳起，右（左）小腿随之向后抬起。

3 拍：右（左）腿原地踏一步。

4 拍：右（左）腿跳起，左（右）腿随之踢起。

### 2. 小跳并步

1 拍：左（右）腿向左（右）侧跳出一步。

2 拍：右（左）腿随之跳起，向左（右）腿并拢，前脚掌踏在左（右）脚后侧。

3 ~ 4 拍：同 1 ~ 2 拍。

### 3. 踵趾步

1 拍：左（右）腿支撑，右（左）腿后伸，脚尖点地。

2 拍：右（左）腿前伸，脚跟着地。

3 拍：右（左）腿伸向右（左）侧，脚尖点地。

4 拍：右（左）腿还原。

【动作说明】

预备姿势：右腿支撑，左腿后伸，脚尖点地。

1 ~ 4 小节：全体左脚开始，原地做踢踏步，同时胸前拍手，每拍 1 次。

5 ~ 8 小节：全体左脚开始，原地做小跳步，同时胸前拍手，每拍 1 次。

9 ~ 12 小节：全体两手叉腰半蹲，同时单、双数人上体相对，头向圆内侧倾，然后单数人用同样动作往相反方向做，左、右各做 2 次，双数人做 1 次半蹲后便一边拍手一边做跑跳步，从单数人的前面绕到单数人后面，两手扶着单数人的肩（两拍一动）。

13 ~ 16 小节：两人同时左脚开始做踵趾步，左右各 1 次，上体随之向前后倾斜。

17 ~ 20 小节：双数人扶着单数人的腰部，两人两拍一动向前跳 3 次，最后两次左右跳转，成双数人转到单数人前面。

21 ~ 24 小节：同 17 ~ 20 小节，最后两次左右跳转的方向相反。

25 ~ 28 小节：做拍手跑步跳。

单数人不动，双数人站至原位，舞蹈重新开始。

# 第七节 游戏，把更多更好的游戏还给孩子

游戏来源于生活，最初的游戏是儿童模仿成人生产劳动而形成的，后来成年人把游戏作为训练儿童的手段，寓教于乐。我们根据教学目标和学生需求选用的游戏具有一定的情节，有娱乐、竞赛因素和教育性，内容形式生动活泼，是儿童喜欢的综合性游戏。

教学任务：在游戏中学习知识，锻炼身体，启迪心灵，开发智力。

## 水平一

### 一、老鹰捉小鸡

【游戏方法及规则】

由一人扮老鹰，一人扮鸡妈妈，其余人皆为小鸡。“小鸡”用皮筋套住“鸡妈妈”的腰部，且一个拉一个。“鸡妈妈”张开双臂保护小鸡，小鸡依次紧随其后。开始后，“老鹰”抓捕“小鸡”，若抓不到，依旧充任老鹰，若抓住一只“小鸡”，则被抓者转换为老鹰，原扮老鹰者改扮鸡妈妈，游戏再次开始。（图 3–75）

图 3–75

【游戏目的】

发展学生的灵敏性和协调性，培养学生合作意识。

【玩法建议】

（1）扮小鸡者以 5 人或 6 人为宜。

（2）“老鹰”只要用手触到“小鸡”即可，不要用力拉扯，避免出现危险。

## 二、对拉翻转

【游戏方法】

两人面对面或背靠背手拉皮筋，边说歌谣边从自己的手臂下钻过来背对背或面对面。(图 3–76 至图 3–78)

图 3–76

图 3–77

图 3-78

【歌谣】

翻饼烙饼，油炸馅儿饼，翻过来，调过去。

翻饼烙饼，油炸馅儿饼，翻过来，调过去，瞧——瞧——

翻饼烙饼，油炸馅儿饼，叽里咕噜～个。

翻饼烙饼，你一块我一块，咱俩一起翻过来。

【玩法建议】

（1）可采用单手、双手或交叉拉皮筋方式。

（2）翻转时可以加上不同方式的跳跃动作。

（2）翻转时要由慢到快，避免受伤。

## 三、4 人跳皮筋组合

【歌谣】

找、找、找朋友，找到一个好朋友。

敬个礼，握握手。

你是我的好朋友，再见！

【教法建议】

（1）可 2 人拉筋 2 人跳，也可 4 人拉筋 4 人跳。（图 3-79 至图 3-82）

（2）注意动作的连贯性，以及与歌谣的节奏相对应。

图 3-79

图 3-80

图 3-81

图 3–82

## 水平二

### 一、渔翁和鱼鹰

【游戏方法】

4人撑一根皮筋，扮渔翁者站在原地不动，扮鱼鹰者用手和脚去够散在地上的球，找到球就拉筋通知“渔翁”，把小球放到“渔翁”身边。（图 3–83）

图 3–83

【游戏规则】

（1）“渔翁”必须拉住皮筋，不脱落。

（2）“鱼鹰”够到小球要立刻拉筋通知“渔翁”。

（3）小球要放进竹篓内。

【注意事项】

（1）扮演渔翁者要控制身体平衡，避免摔倒。

（2）“鱼鹰”在抓球时要看得准，抓得快。

## 二、踩尾巴

【游戏方法】

每人腰上拴一根长皮筋当作“尾巴”，游戏时，只能用脚踩别人的“尾巴”，踩到后要及时通知对方，被踩者要离开游戏区，不得再参与游戏，最后以踩到尾巴的数量多少分辨胜负。（图 3–84）

图 3–84

【歌谣】

小尾巴三寸五，一翘一撅忙赶路。

小朋友快快来，大家一起踩尾巴。

你一条我一条，比比谁的数量多。

【游戏规则】

（1）游戏开始后，才可踩同伴的“尾巴”。

（2）别人来踩“尾巴”的时候，只能躲闪，不能用手护着“尾巴”。

【注意事项】

（1）游戏者不能推撞他人。

（2）进行躲闪时要保护好自己的“尾巴”。

## 三、8 人跳皮筋组合

运用 4 组组合动作，完成配歌谣的跳皮筋练习。（图 3–85、图 3–86）

第一组合：点，迈，右脚点地，左脚点地，右脚向后置于左脚斜后方，右脚还原双脚并拢，右脚向左脚的左斜前方落步，两个向右的并步 180° 转，右脚置于左脚左后方。

第二组合：点，迈，点，踩，右脚还原于地面，左脚迈入筋内，右脚置于左脚左后方，右脚、左脚依次跳跃还原。

第三组合：点，外绕，阿拉贝斯转，还原。

第四组合：顶，顶，顶，踩，踩，跳。

图 3–85

图 3–86

【歌谣】

你拍一我拍一，校园文明懂礼仪。
你拍二我拍二，同学互助好伙伴。
你拍三我拍三，自己事情自己干。
你拍四我拍四，做事不能自顾自。
你拍五我拍五，礼貌诚信好相处。
你拍六我拍六，行为规范要遵守。
你拍七我拍七，互助友爱要牢记，
你拍八我拍八，尊敬师长人人夸。
你拍九我拍九，文明用语不离口。
你拍十我拍十，文明礼貌要坚持。

【教法建议】

（1）拍手的动作与点筋和迈筋节拍一致。
（2）练习时可四人拉筋四人跳。
（3）可根据筋的长短增减人数。
（4）集体跳筋要步调一致。

## 水平三

### 一、猴子与艺人

【游戏方法】

学生分成两组围成圆形，每组中一名学生扮艺人，其他学生均扮猴子，“猴子”随着“艺人”做动作（教师示范，先由教师做“艺人”，学生做“猴子”，之后由学生自由表演），“艺人”改变动作时，“猴子”必须迅速跟着改变动作，一名学生演完，第二名学生演。（图 3-87）

【游戏规则】

看哪组表演样式多，模仿得更像。

【注意事项】

学生站位要有一定距离，避免相互碰撞。

图 3–87

## 二、跳流星

【游戏方法】

学生围成一个直径 6 米的圆，一名学生站在中央，手持系着呼啦圈的皮筋，手臂压低，做顺时针转动(也可变方向)，将呼啦圈甩起，速度可快可慢。呼啦圈经过脚下时，跳流星者要跳起，让其通过，不能碰到呼啦圈或皮筋，如碰到视为失败。失败者与抡筋者交换位置继续游戏。（图 3–88）

图 3–88

**【游戏规则】**

（1）游戏者之间要有一定距离，跳起要有一定高度。

（2）抡筋者微蹲，掌握皮筋的高度。

（3）皮筋旋转得不要太快，高度不宜太高。

## 三、拉筋与跳筋交换组合

**【动作方法】**

两人双脚打开与肩同宽，面对面撑皮筋，跳筋者立于皮筋两侧，身体右侧贴筋，两手按掌。跳筋者前脚掌着地，碎步走到撑筋者身旁向后转，四人同时迈左腿跨筋，然后四人同时迈右腿跨筋，跳筋者与撑筋者交换位置，成开始队形（图 3–89 至图 3–91）。

图 3–89

图 3–90

图 3–91

【教法建议】

（1）可两人拉筋两人跳，也可多人拉筋多人跳。

（2）注意动作的连贯性，以及交换撑筋的相互配合。

## 第八节　艺术跳皮筋教学内容及评价

艺术跳皮筋教学内容与评价详见表 3–1 至表 3–7。

## 表 3-1 走跑教学内容及评价

<table>
<tr><th>学段</th><th>教学内容</th><th>教学目标</th><th>评价维度</th><th>评价要素</th><th>评价结果</th></tr>
<tr><td rowspan="3">水平一<br>一、二年级</td><td rowspan="3">走跑</td><td rowspan="3">学会举筋前脚掌走、跑的动作方法，掌握点、迈、跳动作技能</td><td>知识目标评价（家长评价）</td><td>能说出走、跑动作的内容与方法，会描述点、迈跳动作</td><td>☆☆☆☆☆</td></tr>
<tr><td>技能目标评价（教师评价）</td><td>学会举筋前脚掌走、跑的动作方法，掌握了点、迈、跳技巧并能够熟练运用</td><td>☆☆☆☆☆</td></tr>
<tr><td>态度与参与目标评价（学生互评）</td><td>积极参与体育活动，勤奋锻炼，出勤率高；活动中能与同学团结协作，遇到困难能积极面对</td><td>☆☆☆☆☆</td></tr>
<tr><td rowspan="3">水平二<br>三、四年级</td><td rowspan="3">走跑</td><td rowspan="3">学会举筋前脚掌走跑交替的动作方法，掌握点、迈、绕、掏动作技能</td><td>知识目标评价（家长评价）</td><td>能说出走跑交替动作的内容与方法，会描述点、迈、转、掏动作</td><td>☆☆☆☆☆</td></tr>
<tr><td>技能目标评价（教师评价）</td><td>学会举筋走跑交替的动作方法，掌握了点、迈、转、掏技巧并能够熟练运用</td><td>☆☆☆☆☆</td></tr>
<tr><td>态度与参与目标评价（学生互评）</td><td>积极参与体育活动，勤奋锻炼，出勤率高；活动中能与同学团结协作，遇到困难能积极面对</td><td>☆☆☆☆☆</td></tr>
<tr><td rowspan="3">水平三<br>五、六年级</td><td rowspan="3">走跑</td><td rowspan="3">学会举筋蛇形走跑交替的动作方法，掌握摆、踩、顶、踢动作技能</td><td>知识目标评价（家长评价）</td><td>能说出举筋蛇形走跑交替动作的内容与方法，会描述摆、踩、顶、踢动作</td><td>☆☆☆☆☆</td></tr>
<tr><td>技能目标评价（教师评价）</td><td>学会举筋蛇形走跑交替的动作，掌握了摆、踩、顶、踢技巧并能够熟练运用</td><td>☆☆☆☆☆</td></tr>
<tr><td>态度与参与目标评价（学生互评）</td><td>积极参与体育活动，勤奋锻炼，出勤率高；活动中能与同学团结协作，遇到困难能积极面对</td><td>☆☆☆☆☆</td></tr>
</table>

注：评价结果一栏中，完全符合，五颗星；基本符合，三颗星；需要努力，一颗星。

表 3–2 跳跃教学内容及评价

| 学段 | 教学内容 | 教学目标 | 评价维度 | 评价要素 | 评价结果 |
| --- | --- | --- | --- | --- | --- |
| 水平一<br>一、二年级 | 跳跃 | 学会跳过单、双筋的动作方法，掌握顶筋、绕筋动作技能 | 知识目标评价（家长评价） | 能说出跳跃动作的内容与方法，会描述顶筋、绕筋动作 | ☆☆☆☆☆ |
| | | | 技能目标评价（教师评价） | 学会跳单、双筋的动作，掌握了顶筋、绕筋技巧并能够熟练运用 | ☆☆☆☆☆ |
| | | | 态度与参与目标评价（学生互评） | 积极参与体育活动，勤奋锻炼，出勤率高；活动中能与同学团结协作，遇到困难能积极面对 | ☆☆☆☆☆ |
| 水平二<br>三、四年级 | 跳跃 | 学会往返跳过摆动筋的动作方法，掌握转筋、掏筋动作技能 | 知识目标评价（家长评价） | 能说出跳跃动作内容与方法，会描述转筋、掏筋动作 | ☆☆☆☆☆ |
| | | | 技能目标评价（教师评价） | 学会往返跳过摆动筋的动作，掌握了转筋、掏筋技巧并能熟练运用 | ☆☆☆☆☆ |
| | | | 态度与参与目标评价（学生互评） | 积极参与体育活动，勤奋锻炼，出勤率高；活动中能与同学团结协作，遇到困难能积极面对 | ☆☆☆☆☆ |
| 水平三<br>五、六年级 | 跳跃 | 学会跳双摇筋的动作方法，掌握摆压、踢筋动作技能 | 知识目标评价（家长评价） | 能说出跳跃动作内容与方法，会描述摆压踢筋动作 | ☆☆☆☆☆ |
| | | | 技能目标评价（教师评价） | 学会跳双摇筋的动作，掌握了摆压踢筋技巧并能够熟练运用 | ☆☆☆☆☆ |
| | | | 态度与参与目标评价（学生互评） | 积极参与体育活动，勤奋锻炼，出勤率高；活动中能与同学团结协作，遇到困难能积极面对 | ☆☆☆☆☆ |

注：评价结果一栏中，完全符合，五颗星；基本符合，三颗星；需要努力，一颗星。

## 表 3–3 技巧教学内容及评价

| 学段 | 教学内容 | 教学目标 | 评价维度 | 评价要素 | 评价结果 |
|---|---|---|---|---|---|
| 水平一<br>一、二年级 | 技巧 | 学会横、纵叉的动作方法，掌握勾筋燕式平衡动作技能 | 知识目标评价（家长评价） | 能说出技巧动作的内容与方法，会描述勾筋、燕式平衡动作 | ☆☆☆☆☆ |
| | | | 技能目标评价（教师评价） | 学会横、纵叉的动作，掌握了勾筋燕式平衡技巧并能够熟练运用 | ☆☆☆☆☆ |
| | | | 态度与参与目标评价（学生互评） | 积极参与体育活动，勤奋锻炼，出勤率高；活动中能与同学团结协作，遇到困难能积极面对 | ☆☆☆☆☆ |
| 水平二<br>三、四年级 | 技巧 | 学会下桥的动作方法，掌握踢筋、摆踩动作技能 | 知识目标评价（家长评价） | 能说出技巧动作内容与方法，会描述踢筋、摆踩动作 | ☆☆☆☆☆ |
| | | | 技能目标评价（教师评价） | 学会下桥的动作，掌握了踢筋、摆踩技巧并能熟练运用 | ☆☆☆☆☆ |
| | | | 态度与参与目标评价（学生互评） | 积极参与体育活动，勤奋锻炼，出勤率高；活动中能与同学团结协作，遇到困难能积极面对 | ☆☆☆☆☆ |
| 水平三<br>五、六年级 | 技巧 | 学会前、后、侧手翻的动作方法，掌握转、踩、踢、侧手翻组合动作技能 | 知识目标评价（家长评价） | 能说出技巧动作内容与方法，会描述转、踩、踢、侧手翻组合动作 | ☆☆☆☆☆ |
| | | | 技能目标评价（教师评价） | 学会前、后、侧手翻，掌握了转、踩、踢、侧手翻组合技巧并能够熟练运用 | ☆☆☆☆☆ |
| | | | 态度与参与目标评价（学生互评） | 积极参与体育活动，勤奋锻炼，出勤率高；活动中能与同学团结协作，遇到困难能积极面对 | ☆☆☆☆☆ |

注：评价结果一栏中，完全符合，五颗星；基本符合，三颗星；需要努力，一颗星。

**表 3-4 对抗教学内容及评价**

| 学段 | 教学内容 | 教学目标 | 评价维度 | 评价要素 | 评价结果 |
|---|---|---|---|---|---|
| 水平一<br>一、二年级 | 对抗 | 学会背对拉筋动作方法，掌握第一高度联合动作的技能 | 知识目标评价（家长评价） | 能说出对抗动作的内容与方法，会描述第一高度联合动作 | ☆☆☆☆☆ |
| | | | 技能目标评价（教师评价） | 学会背对拉筋动作，掌握了第一高度联合动作技巧并能够熟练运用 | ☆☆☆☆☆ |
| | | | 态度与参与目标评价（学生互评） | 积极参与体育活动，勤奋锻炼，出勤率高；活动中能与同学团结协作，遇到困难能积极面对 | ☆☆☆☆☆ |
| 水平二<br>三、四年级 | 对抗 | 学会够球拉筋动作方法，掌握第二高度联合动作的技能 | 知识目标评价（家长评价） | 能说出对抗动作内容与方法，会描述第二高度联合动作 | ☆☆☆☆☆ |
| | | | 技能目标评价（教师评价） | 学会够球拉筋动作，掌握了第二高度联合动作技巧并能熟练运用 | ☆☆☆☆☆ |
| | | | 态度与参与目标评价（学生互评） | 积极参与体育活动，勤奋锻炼，出勤率高；活动中能与同学团结协作，遇到困难能积极面对 | ☆☆☆☆☆ |
| 水平三<br>五、六年级 | 对抗 | 学会多人拉筋动作方法，掌握第三高度联合动作的技能 | 知识目标评价（家长评价） | 能说出对抗动作内容与方法，会描述第三高度联合动作 | ☆☆☆☆☆ |
| | | | 技能目标评价（教师评价） | 学会多人拉筋动作，掌握了第三高度联合动作技巧并能够熟练运用 | ☆☆☆☆☆ |
| | | | 态度与参与目标评价（学生互评） | 积极参与体育活动，勤奋锻炼、出勤率高；活动中能与同学团结协作，遇到困难能积极面对 | ☆☆☆☆☆ |

注：评价结果一栏中，完全符合，五颗星；基本符合，三颗星；需要努力，一颗星。

## 表 3–5 表情歌舞教学内容及评价

| 学段 | 教学内容 | 教学目标 | 评价维度 | 评价要素 | 评价结果 |
|---|---|---|---|---|---|
| 水平一<br>一、二年级 | 表情歌舞 | 学会以臂的摆动为主的皮筋舞《春天在哪里》和《可爱的蓝精灵》 | 知识目标评价（家长评价） | 能说出表情歌舞的动作内容与方法，会描述皮筋舞《春天在哪里》和《可爱的蓝精灵》的动作 | ☆☆☆☆☆ |
| | | | 技能目标评价（教师评价） | 学会表情歌舞的动作，掌握了皮筋舞《春天在哪里》和《可爱的蓝精灵》的技巧并能够熟练运用 | ☆☆☆☆☆ |
| | | | 态度与参与目标评价（学生互评） | 积极参与体育活动，勤奋锻炼，出勤率高；活动中能与同学团结协作，遇到困难能积极面对 | ☆☆☆☆☆ |
| 水平二<br>三、四年级 | 表情歌舞 | 学会以腿部动作为主的皮筋舞《小山鹰》《小机灵的歌》《丰收的歌》 | 知识目标评价（家长评价） | 能说出以腿部动作为主的表情歌舞的动作内容与方法，会描述皮筋舞《小山鹰》《小机灵的歌》《丰收的歌》的动作 | ☆☆☆☆☆ |
| | | | 技能目标评价（教师评价） | 学会以腿部动作为主的表情歌舞的动作，掌握了皮筋舞《小山鹰》《小机灵的歌》《丰收的歌》的技巧并能够熟练运用 | ☆☆☆☆☆ |
| | | | 态度与参与目标评价（学生互评） | 积极参与体育活动，勤奋锻炼，出勤率高；活动中能与同学团结协作，遇到困难能积极面对 | ☆☆☆☆☆ |
| 水平三<br>五、六年级 | 表情歌舞 | 学会以上下肢的配合为主的皮筋舞《蜗牛与黄鹂鸟》 | 知识目标评价（家长评价） | 能说出以上下肢的配合为主的表情歌舞的动作内容与方法，会描述皮筋舞《蜗牛与黄鹂鸟》的动作 | ☆☆☆☆☆ |
| | | | 技能目标评价（教师评价） | 学会以上下肢的配合为主的表情歌舞的动作，掌握了皮筋舞《蜗牛与黄鹂鸟》的技巧并能够熟练运用 | ☆☆☆☆☆ |
| | | | 态度与参与目标评价（学生互评） | 积极参与体育活动，勤奋锻炼，出勤率高；活动中能与同学团结协作，遇到困难能积极面对 | ☆☆☆☆☆ |

注：评价结果一栏中，完全符合，五颗星；基本符合，三颗星；需要努力，一颗星。

**表 3–6 韵律舞蹈教学内容及评价**

| 学段 | 教学内容 | 教学目标 | 评价维度 | 评价要素 | 评价结果 |
|---|---|---|---|---|---|
| 水平一<br>一、二年级 | 韵律舞蹈 | 学会以踵趾步、跑跳步为主的《大家来跳舞》的动作 | 知识目标评价（家长评价） | 能说出韵律舞蹈的动作内容与方法，会描述《大家来跳舞》的动作 | ☆☆☆☆☆ |
| | | | 技能目标评价（教师评价） | 学会韵律舞蹈的动作，掌握了《大家来跳舞》的动作技巧并能够熟练运用 | ☆☆☆☆☆ |
| | | | 态度与参与目标评价（学生互评） | 积极参与体育活动，勤奋锻炼，出勤率高；活动中能与同学团结协作，遇到困难能积极面对 | ☆☆☆☆☆ |
| 水平二<br>三、四年级 | 韵律舞蹈 | 学会以跑跳步、侧滑步为主的《铃儿响叮当》的动作 | 知识目标评价（家长评价） | 能说出韵律舞蹈的动作内容与方法，会描述《铃儿响叮当》的动作 | ☆☆☆☆☆ |
| | | | 技能目标评价（教师评价） | 学会韵律舞蹈的动作，掌握了《铃儿响叮当》的动作技巧并能够熟练运用 | ☆☆☆☆☆ |
| | | | 态度与参与目标评价（学生互评） | 积极参与体育活动，勤奋锻炼，出勤率高；活动中能与同学团结协作，遇到困难能积极面对 | ☆☆☆☆☆ |
| 水平三<br>五、六年级 | 韵律舞蹈 | 学会以踏踢步、跳并步为主的《快乐的伙伴》的动作 | 知识目标评价（家长评价） | 能说出韵律舞蹈的动作内容与方法，会描述《快乐的伙伴》的动作 | ☆☆☆☆☆ |
| | | | 技能目标评价（教师评价） | 学会韵律舞蹈的动作，掌握了《快乐的伙伴》的动作技巧并能够熟练运用 | ☆☆☆☆☆ |
| | | | 态度与参与目标评价（学生互评） | 积极参与体育活动，勤奋锻炼，出勤率高；活动中能与同学团结协作，遇到困难能积极面对 | ☆☆☆☆☆ |

注：评价结果一栏中，完全符合，五颗星；基本符合，三颗星；需要努力，一颗星。

### 表 3-7　跳皮筋游戏教学内容及评价

| 学段 | 教学内容 | 教学目标 | 评价维度 | 评价要素 | 评价结果 |
| --- | --- | --- | --- | --- | --- |
| 水平一<br>一、二年级 | 游戏 | 学会皮筋游戏和 4 人跳皮筋组合动作 | 知识目标评价（家长评价） | 能说出游戏的内容与方法，会描述 4 人跳皮筋组合动作 | ☆☆☆☆☆ |
| | | | 技能目标评价（教师评价） | 学会游戏方法，掌握了 4 人跳皮筋组合动作的技巧并能够熟练运用 | ☆☆☆☆☆ |
| | | | 态度与参与目标评价（学生互评） | 积极参与体育活动，勤奋锻炼，出勤率高；活动中能与同学团结协作，遇到困难能积极面对 | ☆☆☆☆☆ |
| 水平二<br>三、四年级 | 游戏 | 学会皮筋游戏和 8 人跳皮筋组合动作 | 知识目标评价（家长评价） | 能说出游戏的动作内容与方法，会描述 8 人跳皮筋组合动作 | ☆☆☆☆☆ |
| | | | 技能目标评价（教师评价） | 学会游戏的动作，掌握了 8 人跳皮筋组合动作的技巧并能够熟练运用 | ☆☆☆☆☆ |
| | | | 态度与参与目标评价（学生互评） | 积极参与体育活动，勤奋锻炼，出勤率高；活动中能与同学团结协作，遇到困难能积极面对 | ☆☆☆☆☆ |
| 水平三<br>五、六年级 | 游戏 | 学会皮筋游戏和拉筋与跳筋交换组合动作 | 知识目标评价（家长评价） | 能说出游戏的动作内容与方法，会描述拉筋与跳筋交换组合动作 | ☆☆☆☆☆ |
| | | | 技能目标评价（教师评价） | 学会游戏方法，掌握了拉筋与跳筋交换组合动作的技巧并能够熟练运用 | ☆☆☆☆☆ |
| | | | 态度与参与目标评价（学生互评） | 积极参与体育活动，勤奋锻炼，出勤率高；活动中能与同学团结协作，遇到困难能积极面对 | ☆☆☆☆☆ |

注：评价结果一栏中，完全符合，五颗星；基本符合，三颗星；需要努力，一颗星。

# 第四章 艺术跳皮筋形体训练

## ——为提高学生综合素质而努力

形体训练是以人体科学理论为基础的形体动作训练。其目的是改善形体姿态，提高动作的协调性、准确性和身体的灵活性，是提高人体的综合素质和综合能力的基础练习。参加形体训练，可使学生在增进身体健康的同时，为学习和掌握跳皮筋运动技能、技术打下良好基础。

# 第一节 形体训练概述

## 一、形体训练定义

形体训练现有的定义有狭义和广义两种。狭义的形体训练为形体美训练，广义的形体训练则是指一切有形体动作的训练。目前在课堂中所称的形体训练一般指形体美训练，主要目的在于对练习者自身体态美的塑造。

## 二、形体训练的功能

形体训练的功能是：以挺拔向上、舒展灵活的舞姿动作帮助人们塑造美好形体，使人气质高雅、仪态大方，同时陶冶情操，美化心灵，促进身心健康。

## 三、形体训练的方向

形体训练一般有 8 个身体方向，以符号“∠”加数字表示，例如“∠ 1”指教室正前方，然后顺时转动 45° 为“∠ 2”，依此类推。

## 四、形体训练着装

正如一名舞者，无论在练功教室还是在舞台，都必须穿着专门设计的训练或演出服装，形体训练对服装也有特殊的要求，这种服装一般被称为“练功服”。穿练功服上课绝不仅仅是为了好看，而是有其实际的作用。在训练中，女孩子通常穿着深色紧身弹性体操衣配上肉粉色连裤舞袜，也可以根据情况，在体操衣的外面套一条薄纱质地的围腰短裙。男孩子一般穿白色圆领衬衫配黑色紧身舞蹈裤。天气寒冷时，女孩子可以在体操衣的外面穿一件短款长袖针织开衫。

发式也是形体训练中服饰要求的一部分，一般说，女孩子应把长发在脑后挽一个发髻。这样不仅使头部的线条显得清晰，脖子也显得修长挺拔。

软鞋是上课时男、女学生都穿的练功鞋，用柔软的簿皮革或帆布制成。女生穿肉粉色软鞋，男生穿白色或黑色软鞋。鞋子大小应以紧包住脚为宜。

## 五、形体训练的基本要素

艺术跳皮筋运动的形体训练主要采用芭蕾舞形体训练的方法。芭蕾舞形体训练有一套科学规范的规格要求和法则，一般来说，芭蕾舞形体训练的基本要素可概括为四个字，即“开、绷、直、立”。这四字要素同芭蕾舞脚和手的五个位置以及若干固定舞姿一道形成，一直沿用至今，现在它们依然是芭蕾舞形体训练的基本元素。

1. 开

所谓“开”，指的是踝、膝、髋、肩关节向人体两侧外开，尤其是两脚应该向外打开 180°。这样可以最大限度地舒展人体的线条，扩大动作范围，并增强其表现力，提高身体的平衡力。

芭蕾形体中的“开”有一定难度，必须从髋关节到膝关节、踝关节、脚尖全部打开（图 4–1），切忌容易打开的部位使劲打开，不容易打开的部位就不打开，这样容易造成肌肉或韧带拉伤。

2. 绷

“绷”也是芭蕾舞形体训练的基本要素之一，是指将肢体各部位绷起来，尤其是踝关节和膝关节。这样训练的目的有三个：①拉长腿的长度，有效延长肢体原有的线条，展现肢体流线型美感；②绷脚是为了增强踝关节以下到脚趾关节的灵敏性，使动作灵活、干净；③能将肢体各个部位的肌肉能量向身体的重心凝聚，从而产生上升的动势，强化肢体的轻盈感。

需要说明的是，一般初学者在绷脚练习中，经常会出现绷脚背不绷脚趾或只绷脚趾不绷脚背的现象，这都不符合规范要求。绷脚必须从踝关节开始把力量一直贯注到脚趾，让脚趾去找脚心，这样脚背、脚趾绷得越紧，膝盖就会越直。（图 4–2）

图 4–1

图 4–2

**3. 直**

"直"在形体训练中是一个整体概念，要求学习者身体挺拔直立，不能塌腰撅臀，不能挺胸凸肚，也包括在需要"直"的时候，膝盖必须收紧。训练中要求人体"直"有两个目的：一是使人看上去精神倍增、赏心悦目、帅气潇洒，给人一种高贵的感觉；二是从芭蕾舞形体技术训练的角度看，直立可以使人的重心保持垂直，避免左摇右晃，保持动作连贯。

**4. 立**

"立"能够带给人气宇轩昂的感觉，在芭蕾舞形体训练中，"立"主要是指腰部的立。它会产生提升的作用，使身体重心上提，产生一种轻盈、敏捷和气质上的美。（图 4-3）

图 4-3

# 第二节　形体训练的内容

形体训练是全身的练习，其目的是全面提高学生的体育基本技能技巧、基本运动技术，为身体全面发展打下良好的基础。因此，训练内容要充分考虑学生的学龄、性别、体质、运动基础等条件，由浅入深逐步增加训练内容的复杂性和难度，逐步增加专项内容，逐步增加运动量，也可以选取学生喜爱的内容和形式进行练习，如游戏和竞赛等，但要注意安全。

## 一、脚位与手位

### （一）脚的五个基本位置

脚位的学习顺序：一位、二位、三位、五位、四位。双脚站立时，要求全脚平放在地面上，力量要均匀，特别是脚趾要松开放长，不能扣住地板。

1. 一位

两脚脚跟紧靠，脚尖向外开 180° ，完全成一条水平线。（图 4–4）

2. 二位

两脚保持一位外开，两脚跟间的距离为一脚长。（图 4–5）

3. 三位

在一位脚的基础上，将一只脚的脚跟放到另一只脚的脚弓前。（图 4–6）

图 4–4

图 4–5

图 4–6

4. 五位

两脚前后平行贴靠，脚尖向两侧，双脚之间没有空隙，完全紧贴。（图 4-7）

5. 四位

在五位脚的基础上，前后脚间隔一脚长的距离。（图 4-8）

除了以上五个脚的位置，很多动作中还经常用到另外一些位置，一种是“正步位”，是指两脚的脚跟和脚尖完全并拢，正对前方；另一种是“自然位”，是指两脚的脚跟并拢，脚尖略微分开 25° ~ 45° 。

图 4-7

图 4-8

## （二）手的基本位置

在进行芭蕾舞形体训练时，手的位置是最具表现力和表演性的，各种各样的舞姿都离不开手位的变换，掌握标准的手位动作是形成优美体态的重要途径。手的位置在不同的芭蕾学派有不同的做法，但其要求是一致的，本书介绍的手位是我国芭蕾舞训练一直沿用的位置。

1. 一位

双臂置于身体前，双手五指自然伸开，手指、手腕、肘关节稍稍自然弯曲，成两条柔和的大弧线，手心朝上，两手间的距离大约为一个横拳，双手的小指离开大腿 2 厘米，双肩松弛自然下垂。（图 4-9）

图 4-9

2. 二位

在一位手的位置上抬起双臂，双手抬到胃的高度，手心向内，手臂的形状保持不变（图 4–10）。

3. 三位

在二位手的位置继续上抬双臂，双手停在额头前上方，双肩松弛，手心对着自己的眼睛，两手间的距离不变。（图 4–11）

4. 四位

一臂保持三位，另一臂从三位下落至二位。（图 4–12）

图 4–10

图 4–11

图 4–12

5. 五位

一臂保持三位，另一臂从二位向体侧打开。（图 4–13）

6. 六位

在五位手的基础上，体侧手臂不动，另一臂从三位由小手指领下来成二位。（图 4–14）

7. 七位

在六位手的基础上，体前臂向体侧打开，双臂略低于两肩。（图 4–15）

图 4-13

图 4-14

图 4-15

## 二、头和呼吸的练习

头和呼吸的练习是地面形体训练的第一步，是初学者掌握芭蕾舞所需要的基本形态、基本能力的基础性训练。

### （一）练习目的

通过练习，掌握头和呼吸运动的正确方法，养成良好的习惯，塑造优雅的颈部线条。

### （二）练习内容

音乐为单拍子（每小节只有两拍或三拍，如四二拍、四三拍、八三拍、八二拍等）时，每小节数 1 拍；音乐为复拍子（由同类单拍子组合成的拍子，如四四拍、八六拍、八九拍、八十二拍等）时，每小节数 2 拍。以下练习中的拍数指数拍的拍数。

**1. 头的练习**

音乐：小快板。

准备：跪坐在地面上，面向∠1，两手叉腰。（图 4-16）

（1）第一八拍：1 拍，低头（图 4-17）；2 拍，头回原位；3 拍，抬头（图 4-18）；4 拍，头回原位；5 ～ 8 拍，重复 1 ～ 4 拍的动作。

（2）第二八拍：1 拍，头向右倾（图 4-19）；2 拍，头回原位；3 拍，头向左倾；4 拍，头回原位；5 ～ 8 拍，重复 1 ～ 4 拍动作。

（3）第三八拍：1 ～ 2 拍，向右转头，看∠2；3 ～ 4 拍，继续向右转头，看∠3（图 4-20）；5 ～ 6 拍，向左转头，看∠2；7 ～ 8 拍，继续向左转头，看∠1。

图 4-16

图 4-17

图 4-18

图 4-19

图 4-20

（4）第四八拍：1 ~ 8 拍，同第三八拍动作，头向反方向转。

（5）第五八拍：1 ~ 2 拍，向右转头，看∠3；3 ~ 4 拍，向左转头，看∠1；5 ~ 8 拍，同 1 ~ 4 拍动作，向右转头。

（6）第六八拍：1 ~ 8 拍，重复第五八拍动作。

（7）第七八拍：1 ~ 8 拍，头向右绕一周。

（8）第八八拍：1 ~ 8 拍，头向左绕一周。

**2. 呼吸练习**

音乐：中速。

准备：坐在地面上，面向∠2，两腿并拢，伸直，绷脚背，两臂向斜下方侧举，指尖触地面。（图 4–21）

（1）第一八拍：1 ~ 4 拍，身体慢慢下压，吐气（图 4–22）；5 ~ 8 拍，身体慢慢还原，吸气。

（2）第二至第八八拍：分别同第一八拍动作。

图 4–21

图 4–22

### （三）练习要求与要领

（1）在做头的练习时，后背保持垂直，身体保持不动，双肩松弛自然下垂，脖子拉长但保持放松状态。

（2）呼吸要均匀，通过呼吸使气息下沉至小腹，同时带动腰椎、胸椎、颈椎一节节下压，使身体下沉。音乐节拍要平均分配，动作要连贯。

## 三、腹、背肌的练习

腹、背肌的练习，是根据芭蕾舞形体对初学者腹部和背部的力量与柔韧性的要求而设计的一组强化练习。

### （一）练习目的

锻炼腹肌的力量，增强腹肌弹性；锻炼背肌的柔韧性，增强背肌收缩能力；塑造完美的腹、背肌线条。

## （二）练习内容

### 1. 腹肌练习

音乐：小快板。

准备：仰卧于地面，脚朝向∠2，双腿并拢弯曲抬起，绷脚，两臂于手腕处交叉于胸前。（图 4–23）

（1）第一八拍：1 ~ 2 拍，腿、脚保持不变，起上身（图 4–24）；3 ~ 4 拍，身体落回原位；5 ~ 8 拍，重复 1 ~ 4 拍动作。

（2）第二至第四八拍：重复第一八拍动作 3 遍，最后两腿弯曲并拢，双脚着地。（图 4–25）

（3）第五八拍：1 ~ 2 拍，起上身，同时头向左转，腰往左拧，上体左转 45°；3 ~ 4 拍，回复原位（图 4–26）；5 ~ 8 拍，同 1 ~ 4 拍，但方向相反。

（4）第六至第八八拍：重复第五八拍动作 3 遍。

图 4–23

图 4–24

图 4–25

图 4–26

### 2. 背肌练习

音乐：小快板。

准备：平趴在地面上，两腿并拢，伸直，绷脚背，两臂向前伸直，向∠ 8。（图 4–27）

（1）第一八拍：1 ～ 2 拍，抬左腿、右臂、躯干，背肌夹紧，抬头（图 4–28）；3 ～ 4 拍，动作还原；5 ～ 8 拍，重复 1 ～ 4 拍动作。

（2）第二八拍：1 ～ 8 拍，做第一八拍对侧动作。

（3）第三八拍：1 ～ 2 拍，抬双腿、双臂、躯干，背肌夹紧，抬头（图 4–29）；3 ～ 4 拍，动作还原；5 ～ 8 拍，重复 1 ～ 4 拍动作。

（4）第四八拍：同第三八拍。

（5）第五至第八八拍：重复第一至第四八拍动作。

图 4–27

图 4–28

图 4–29

### （三）练习要求与要领

（1）进行腹、背肌练习时，要求保持良好的控制能力，训练出平坦、结实的腹、背肌线条。

（2）区别于一般体育活动的腹、背肌练习，此练习要在音乐中完成动作，并尽量保持动作的优美。

## 四、脚和腿的练习

艺术跳皮筋要求学习者的脚和腿线条优美、肌肉匀称，不但要很有力量，更要外开和绷直。同时，两腿的韧带应具有一定的软度。地面部分的脚和腿的练习可以为今后的把杆训练打好基础。

### （一）练习目的

训练脚踝、膝盖、大腿的外开，学会正确的地面压前腿、旁腿的方法，学会下竖叉和横叉，训练腿部韧带的柔韧性。

### （二）练习内容

#### 1. 勾绷脚练习

音乐：小快板。

准备：坐地面向∠3，两腿并拢伸直，绷脚背，两臂体侧斜下举，中指点地。（图4–30）

图 4–30

（1）第一八拍：1 ~ 2拍，两脚勾脚（图4–31）；3 ~ 4拍，两脚绷脚（图4–32）；5–8拍，重复1 ~ 4拍动作。

图 4–31

图 4–32

（2）第二八拍：1 ~ 8拍，重复第一八拍动作。

（3）第三八拍：1 ~ 2拍，两脚勾脚趾（图4–33）；3 ~ 4拍，两脚勾全脚；5 ~ 6拍，两脚绷脚背（图4–34）；7 ~ 8拍，两脚绷脚趾。

图 4–33

图 4–34

（4）第四八拍 1 ～ 8 拍，重复第三八拍动作。

（5）第五至第八八拍：重复第一至第四八拍动作。

**2. 外旋练习**

音乐：小行板。

准备：坐地，面向∠ 1，两腿并拢伸直，绷脚背，两臂在体侧斜下举，中指点地。（图 4–35）

（1）第一八拍：1 ～ 2 拍，两脚、两腿外旋（图 4–36）；3 ～ 4 拍，还原；5 ～ 8 拍，重复 1 ～ 4 拍动作。

（2）第二八拍：1 ～ 2 拍，双脚勾脚；3 ～ 4 拍，保持勾脚，两腿外旋；5 ～ 6 拍，双脚绷脚；7 ～ 8 拍，还原成准备位。

（3）第三八拍：同第一八拍动作。

（4）第四八拍：1 ～ 2 拍，两腿、两脚外旋；3 ～ 4 拍，右腿保持外旋抬起 25°（图 4–37）；5 ～ 6 拍，右腿保持外旋落下；7 ～ 8 拍，还原成准备位。

（5）第五至第八八拍：同第一至第四八拍，换左腿做。

图 4–35

图 4–36

图 4–37

**3. 吸、伸、抬腿及环动练习**

音乐：中速。

准备：仰卧于地面，双脚朝向∠ 2，两腿伸直并拢，绷脚，两手旁伸，手背向上。（图 4–38）

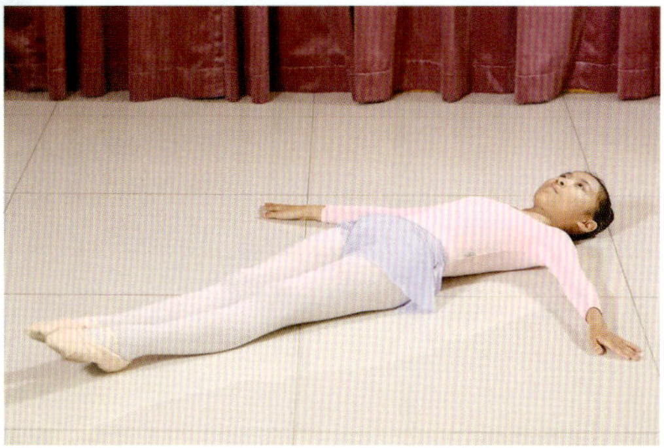

图 4–38

（1）第一八拍：1 ～ 2 拍，右腿旁吸（图 4–39）；3 ～ 4 拍，右腿上举 45°（图 4–40）；5 ～ 6 拍，右腿外旋（图 4–41）。7 ～ 8 拍，还原准备位。

（2）第二八拍：同第一八拍动作，换左腿做。

（3）第三八拍：1 ～ 2 拍，右腿旁吸；3 ～ 4 拍，右腿旁伸（图 4–42）；5 ～ 6 拍，右腿划至上举 45°；7 ～ 8 拍，还原准备位。

图 4–39

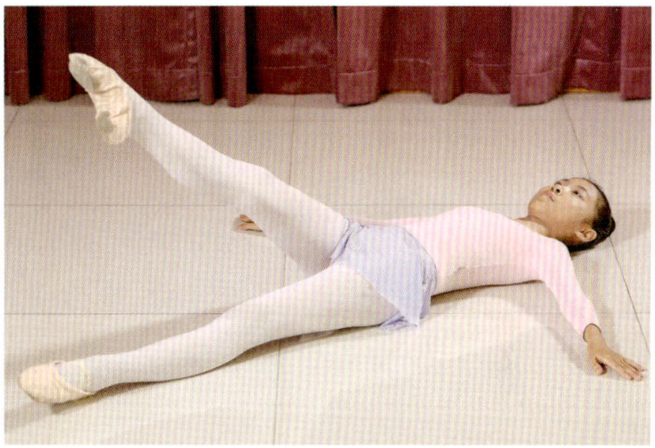

图 4–40

图 4–41

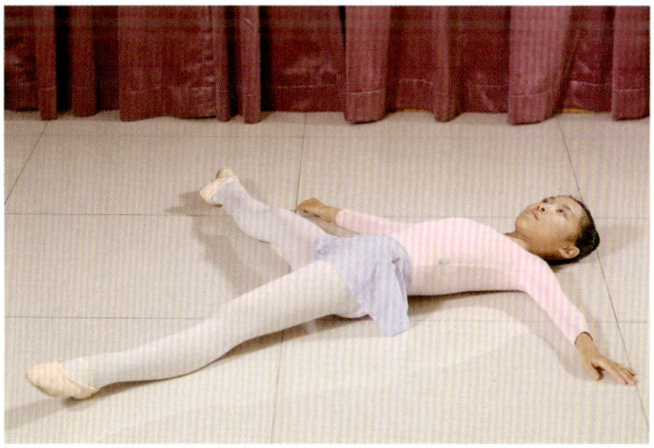

图 4–42

（4）第四八拍：同第三八拍动作，换左腿做。

（5）第五八拍：1 ~ 2 拍，两腿抬起 45°（图 4–43）；3 ~ 4 拍，两腿向旁打开（图 4–44）；5 ~ 6 拍，两腿收回；7 ~ 8 拍，还原准备位。

（6）第六八拍：重复第五八拍动作。

图 4–43

图 4–44

**4. 压腿和踢腿练习**

音乐：小快板。

准备：坐地面向∠ 3，两腿并拢伸直，绷脚，两手旁伸，中指点地。

（1）第一八拍：1 ~ 2 拍，上体前屈贴腿，双手扶脚（图 4–45）；3 ~ 4 拍还原；5 ~ 8 拍重复 1 ~ 4 拍动作。

（2）第二八拍：1 ~ 6 拍，重复第一八拍的 1 ~ 6 拍动作；7 ~ 8 拍，两腿向两旁打开成横叉，两臂成七位。（图 4–46）

图 4–45

图 4–46

（3）第三八拍：1 ~ 2 拍，压右旁腿，两臂成四位（图 4–47）；3 ~ 4 拍，上体还原，两臂成七位；5 ~ 8 拍，同 1 ~ 4 拍动作，压左旁腿。

（4）第四八拍：1 ～ 6 拍，重复第三八拍 1 ～ 6 拍动作；7 ～ 8 拍，两腿并拢前伸外旋，绷脚，仰卧于地面，两手旁伸，手背向上。

（5）第五八拍：1 ～ 2 拍，右腿踢前腿（图 4–48）；3 ～ 4 拍，还原；5 ～ 6 拍，左腿踢前腿。7 ～ 8 拍，还原。

（6）第六八拍：重复第五八拍动作。

（7）第七八拍：左侧卧，左臂向头顶方向伸直，手背向上，头躺在手臂上，右手于胸前扶地。（图 4–49）

（8）第八八拍：1 ～ 2 拍，右腿踢旁腿（图 4–50）；3 ～ 4 拍，还原；5 ～ 8 拍，重复 1 ～ 4 拍动作。

图 4–47

图 4–48

图 4–49

图 4–50

（9）第九八拍：1 ～ 4 拍，重复第八八拍 1 ～ 4 拍动作；5 ～ 8 拍，转身到另一边。

（10）第十八拍：1 ～ 8 拍，左腿做第八八拍动作。

（11）第十一八拍：1 ～ 4 拍，重复第十八拍 1 ～ 4 拍动作；5 ～ 8 拍，成俯卧，两腿并拢，两臂曲臂扶地于胸前，抬头挺胸。（图 4–51）

（12）第十二拍：1 ~ 2 拍，右腿后踢腿（图 4–52）；3 ~ 4 拍，还原；5 ~ 8 拍，左腿做 1 ~ 4 拍动作。

（13）第十三八拍：重复第十二八拍动作。

图 4–51

图 4–52

5. 下叉

音乐：中速。

准备：面向∠ 3 站立，两脚自然位，两臂一位（图 4–53）；右腿在前下竖叉，两臂斜下举，中指点地（图 4–54）。

图 4–53

图 4–54

（1）第一八拍：1 ~ 2 拍，身体向前压前腿（图 4–55）；3 ~ 4 拍，还原；5 ~ 6 拍，身体向后下胸腰（图 4–56）；7 ~ 8 拍，还原。

（2）第二八拍：1 ~ 2 拍，转成横叉，面向∠ 1，两手于体前扶地（图 4–57）；3 ~ 4 拍，不动；5 ~ 6 拍，向左转成竖叉，两臂斜下举；7 ~ 8 拍，还原。

（3）第三八拍：同第一八拍动作，但向右转。

（4）第四八拍：1 ~ 4 拍，重复第二八拍 1 ~ 4 拍动作；5 ~ 6 拍，两腿收回并拢伸直，绷脚，同时两臂成五位（右三左七），眼睛看三位手（图 4–58）；7 ~ 8 拍，还原。

图 4–55

图 4–56

图 4–57

图 4–58

## 五、一位擦地练习

### （一）练习目的

通过练习，使学生具备较好的腿和脚的力量，形成初步的平衡感，塑造完美的脚部和腿部线条，初步形成挺拔的姿态。

### （二）训练内容

音乐：行板。

准备：双手扶把杆，两脚站一位。（图 4–59）

（1）第一八拍：1 ~ 2 拍，右脚擦地，出旁点地（图 4–60）；3 ~ 4 拍，收回一位；5 ~ 8 拍，重复 1 ~ 4 拍动作。

（2）第二八拍：1 ~ 2拍，右脚擦地，出旁点地；3 ~ 4拍，还原成二位（图4-61）；5 ~ 6拍，重心移至右腿，左脚推起旁点地；7 ~ 8拍，还原成二位。

（3）第三八拍：1 ~ 2拍，重心移至左腿，右脚推起旁点地；3 ~ 4拍，还原一位；5 ~ 8拍，半蹲（图4-62）。

（4）第四八拍：1 ~ 2拍，右脚擦地，出前点地（图4-63）；3 ~ 4拍，还原一位；5 ~ 6拍，右脚擦地，出后点地（图4-64）；7 ~ 8拍，还原一位。

（5）第五至第八八拍：左腿做第一至第四八拍动作。

图4-59

图4-60

图4-61

图4-62

图4-63

图4-64

## 六、蹲的练习

### （一）练习目的

使跟腱、踝关节的韧带最大限度地拉长与弯曲；锻炼腿部推地的力量和弹性，训练良好的外开能力；塑造后背挺拔的线条。

### （二）练习内容

音乐：慢板。

准备：左手扶把杆，脚一位，右手一位（图 4–65）；右手起二位打开到七位（4 拍）。

（1）第一八拍：1 ~ 4 拍，一位半蹲一次（图 4–66）；5 ~ 8 拍，一位深蹲一次（图 4–67）。

图 4–65

图 4–66

图 4–67

（2）第二八拍：1 ~ 2 拍，立半脚尖，右手收一位（图 4–68）；3 ~ 4 拍，不动；5 ~ 6 拍，落脚跟；7 ~ 8 拍，右脚一位擦地向旁，落成二位，右手起二位打开到七位。

（3）第三八拍：配合二位手重复第一八拍下蹲动作。

（4）第四八拍：1 ~ 2 拍，立半脚尖，右手经一位、二位到三位（图 4–69）；3 ~ 4 拍，不动；5 ~ 6 拍，落脚跟；7 ~ 8 拍，右脚推开旁点地，划到右前四位，右手打开七位。

（5）第五八拍：配合四位手重复第一八拍下蹲动作。

（6）第六八拍：1 ~ 2 拍，立半脚尖，右手延伸至二位手，（图 4–70）；3 ~ 4 拍，不动；5 ~ 6 拍，落脚跟；7 ~ 8 拍，右脚推起前点地，收前五位，右手打开到七位。

（7）第七八拍：配合五位手重复第一八拍下蹲动作。

（8）第八八拍：1 ~ 2 拍，立半脚尖，右手成二位；3 ~ 4 拍，不动；5 ~ 6 拍，落脚跟；7 ~ 8 拍，右脚擦地向旁，收回一位，手经七位收一位。

图 4-68

图 4-69

图 4-70

### （三）练习要求与要领

（1）蹲时，腹部、臀部收紧集中向上提，后背保持垂直，尾椎不能向后撅。

（2）腿始终保持外开，双膝对准脚尖，尾椎对准两脚跟连线中点。

（3）深蹲时，脚跟要尽量少地离开地板，并且不能往后拐。

（4）蹲和起始终要连贯，音乐节奏平均分配。

## 七、五位擦地练习

### （一）练习目的

进一步训练脚腕的力量，加强韧带的能力和脚的弹性；塑造脚背和腿部线条；提高动作的协调性和连贯性。

### （二）练习内容

音乐：小行板。

准备：单手扶把杆，右脚前五位，右手一位。右手经二位打开到七位（4 拍）。

（1）第一八拍：1 ~ 4 拍，右脚向前做两次五位擦地（图 4-71）；5 拍，五位擦地出前点地；6 拍，落成四位半蹲；7 拍，移重心成左脚后点地直起；8 拍，左脚收至后五位。

（2）第二八拍：1 ~ 4 拍，左脚向后做五位擦地 2 次。5 拍，五位擦地向后点地；6 拍，落成半蹲；7 拍，移重心成左脚后点地直起；8 拍，左脚收至后五位。（图 4-72）

（3）第三八拍：1 ~ 6 拍，右脚向旁做 3 次五位擦地，分别收后、前、后，做动作时加上头的转动；7 ~ 8 拍，半蹲一次。

（4）第四八拍：1 ~ 6 拍，右脚向旁做 3 次五位擦地，分别收前、后、前，做动作时加上头的转动；7 ~ 8 拍，手收回至一位。

图 4–71

图 4–72

### （三）训练要求与要领

（1）擦地出去、回来的速度要平均，出去时脚迅速绷紧。

（2）擦地向前时一般看动作腿方向；擦地向后时既可看动作腿方向，也可看支撑腿方向；擦地向旁时看身体前方。

（3）擦地时，在胯不动的情况下，大腿内侧肌尽量拉长并保持胯的平行。

（4）强调动作的连贯性。

## 八、小踢腿练习

### （一）练习目的

训练脚腕、脚背的力量，塑造脚背的线条；训练小腿的爆发力，增强腿部肌肉的紧实度。

### （二）练习内容

音乐：小快板。

准备：单手扶把杆，右脚前五位，收一位。手经二位打开至七位（4 拍）。

（1）第一八拍：1 ~ 4 拍，右腿向前踢两次（图 4–73）；5 拍，半蹲；6 拍，小踢腿向前同时站直；7 拍，右脚尖快速点地抬起；8 拍，还原准备姿势。

（2）第二八拍：1 ~ 4 拍，右腿向侧踢两次（图 4-74）；5 拍，半蹲；6 拍，小踢腿向前同时站直；7 拍，右脚尖快速点地抬起；8 拍，还原准备姿势。

（3）第三八拍：1 ~ 4 拍，向旁小踢腿 3 次，分别收于前、后、前五位（图 4-75）；5 ~ 8 拍，向旁小踢腿 3 次，分别收于后、前、后五位。

（4）第四八拍：右腿从后开始往回做点地还原（第三八拍的反方向动作）。

图 4-73

图 4-74

图 4-75

## 九、地面划圈练习

### （一）练习目的

塑造腿部线条，使之笔直、优美；使支撑腿肌肉结实有力、动作腿灵活自如。

### （二）练习内容

音乐：中速。

准备：单手扶把杆，站五位，手一位。1 ~ 2 拍，不动；3 ~ 4 拍，手经二位打开到七位。

（1）第一八拍：1 ~ 4 拍，右脚做 2 个离开主力腿的地面划圈（顺时针），划到后方停止。5 ~ 6 拍，离开主力腿的地面划圈 2 次；7 ~ 8 拍；离开主力腿的地面划圈 1 次，同时主力腿半蹲，手经一位、二位打开至七位。

（2）第二八拍：1 ~ 8 拍，右脚慢慢前抬 45°，划到后方，下点地收于后五位。

（3）第三八拍：1 ~ 4 拍，右脚做 2 个往主力腿方向的地面划圈，划到前方；5 ~ 6 拍，往主力腿方向的地面划圈（逆时针）2 次；7 ~ 8 拍，往主力腿方向的地面划圈 1 次，同时主力腿半蹲，手经二位、一位到七位。

（4）第四八拍：1 ~ 8 拍，右腿慢慢后抬 45°，划到前方，下点地收于前五位。

（5）第五八拍：1 ~ 2 拍，上体前屈，手一位（图 4–76）；3 ~ 4 拍，直起，手经二位到三位，最后一拍右脚擦地向前；5 ~ 6 拍，上体后仰，头向右倒，手三位（图 4–77）；7 ~ 8 拍，身体直起，手同时打开到七位，最后一拍，右脚收于五位立半脚尖。

（6）1 ~ 6 拍，立半脚尖做体前屈、体后倾；7 ~ 8 拍，身体直起，手同时打开到七位；最后一拍落脚跟成五位腿，手收于一位。

图 4–76

图 4–77

## 十、单腿蹲练习

### （一）练习目的

进一步塑造挺拔的身姿、优美结实的腿部线条，训练膝关节的弹性。

### （二）练习内容

音乐：中速。

准备：单手扶把杆，站五位，手一位。1 ~ 2 拍，不动；3 ~ 4 拍，手做小的延伸起下。

（1）第一八拍：1 ~ 2 拍，右单腿蹲向前 1 次，手经二位打开至七位（图 4–78、图 4–79）；3 ~ 4 拍，主力腿半蹲（图 4–80）；5 ~ 6 拍，主力腿半脚尖站（图 4–81）；7 ~ 8 拍，右腿划到旁。

（2）第二八拍：1 ~ 4 拍，右腿单腿蹲向旁 2 次；5 ~ 6 拍，离开主力腿方向空中划圈 2 次；7 ~ 8 拍，右腿经点地，收于后五位，手收于一位。

（3）第三八拍：1 ~ 2 拍，右腿单腿蹲向后一次，手打开至七位；3 ~ 4 拍，主力腿半蹲；5 ~ 6 拍，主力腿立半脚尖；7 ~ 8 拍，右腿划到旁。

（4）第四八拍：1 ~ 4 拍，单腿蹲向旁两次；5 ~ 6 拍，往主力腿方向空中划圈两次；7 ~ 8 拍，右腿经点地，收于前五位，手收于一位。

图 4-78

图 4-79

图 4-80

图 4-81

## 十一、小弹腿练习

### （一）练习目的

塑造健美的形体姿态，训练脚的力量和脚腕的灵活性。

### （二）练习内容

音乐：小快板。

准备：单手扶把杆，站五位，手一位。1 ~ 2 拍，不动；3 ~ 4 拍，手经二位到七位，右腿擦地出旁点地。

（1）第一八拍：1 ~ 6 拍，右腿小弹腿向前 3 次；7 ~ 8 拍，右腿小弹腿向旁 1 次。

（2）第二八拍：1 ~ 6 拍，右腿小弹腿向旁 3 次；7 ~ 8 拍，右腿小弹腿向后 1 次。

（3）第三八拍：1 ~ 6 拍，右腿小弹腿向后 3 次；7 ~ 8 拍，右腿小弹腿向旁 1 次。

（4）第四八拍：1 ~ 6 拍，前、后各做 6 次小的打腿（图 4-82）；7 ~ 8 拍，右脚向旁点地，收于前包腿的位置。

（5）第五八拍：1 ~ 6 拍，后、前各做 6 次小的打腿；7 ~ 8 拍，右腿向旁点地，收于右前五位。

（6）第六八拍：1 ~ 2 拍，五位半脚尖斜向对∠ 8，手二位（图 4-83）；3 ~ 4 拍，右腿落向前大四位，手六位（左二右七）（图 4-84）；5 ~ 6 拍，立起成第三阿拉贝斯克舞姿（图 4-85）；7 ~ 8 拍，脚收于五位，手收于一位。

图 4-82

图 4-83

图 4-84

图 4-85

## 十二、立半脚尖练习

### （一）练习目的

训练膝盖的直立和脚背的绷紧，塑造腿型的修长感。

### （二）练习内容

音乐：中速。

准备：双手扶把，站一位。

（1）第一八拍：1 ~ 2 拍，一位立半脚尖（图 4-86）；3 ~ 4 拍，落回一位；5 ~ 8 拍，重复 1 ~ 4 拍动作。

（2）第二八拍：1 拍，一位半蹲；2 拍，直起同时立半脚尖；3 ~ 4 拍，重复 1 ~ 2 拍动作；5 ~ 8 拍，落回一位，右脚擦地出旁，落成二位。

（3）第三八拍：1 ~ 4 拍，二位立半脚尖重复第一八拍的 1 ~ 4 拍动作；5 ~ 8 拍，腿收于右前五位。（图 4-87）

（4）第四八拍：五位立半脚尖，重复第一八拍的 1 ~ 4 拍动作；5 ~ 8 拍，右脚擦地出前，落成四位。（图 4-88）

（5）第五八拍：四位立半脚尖，重复第一八拍的 1 ~ 4 拍动作；5 ~ 8 拍，移重心，收回一位。（图 4-89）

### （三）练习要求与要领

（1）立半脚尖时，五个脚趾都要着地，重心不能偏向某个脚趾。

（2）立半脚尖时用脚掌推地，脚踝绷紧，膝盖伸直，两腿外旋，胯要特别垂直，不能前顶和后撅。

（3）脚要有力地向下踩，感觉整条腿很长；后背夹紧，上提。

图 4-86

图 4-87

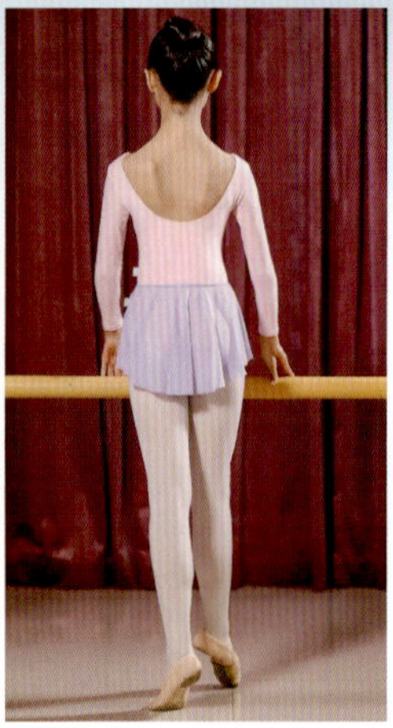

图 4-88

图 4-89

## 十三、变位跳练习

### （一）练习目的

初步形成跳的协调性，塑造空中姿态，使动作轻盈、干脆利落。

### （二）练习内容

音乐：小快板。

准备：右脚前五位，面向∠1，手一位。1～3拍，不动；4拍，半蹲。

第一八拍：1～2拍，一位变位跳落二位、五位；3～4拍，站直，再半蹲；5～8拍，重复1～4拍动作。

## 十四、小跳练习

### （一）练习目的

小跳是所有跳中最简单的一种，通过训练，可以使学生具备柔韧地半蹲、有弹性地推地、轻盈地跳和柔和地落地的能力，降低落地时身体对地面的冲击力。

### （二）练习内容

首乐：小快板。

准备：一位面向∠1，手一位。1～3拍，不动；4拍，半蹲。

（1）第一八拍：1～4拍，一位小跳3次落二位（图4-90）；5～8拍，二位小跳3次，手向七位延伸，落右前五位，手一位（图4-91）。

（2）第二八拍：1～4拍，五位小跳3次，落右前五位，身体朝向∠8（图4-92）；5～8拍，五位小跳3次落一位。

图 4–90

图 4–91

图 4–92

## 十五、双起双落跳练习

### （一）练习目的

在芭蕾舞中，双起双落跳是一个跳跃舞姿的技巧。其动作特点是：动作腿擦出旁的同时，支撑腿跳起，空中动作腿找支撑腿快速收于五位落地。

### （二）练习内容

音乐：小快板。

准备：站左脚前五位面向∠1，手一位。1 ~ 4 拍，不动。

（1）第一八拍：1 ~ 2 拍，半蹲，右脚做双起双落跳向旁落前五位（图 4–93）；3 ~ 4 拍，站直。5 ~ 8 拍，左脚做双起双落跳，动作同 1 ~ 4 拍。

（2）第二八拍：重复第一八拍动作。

（3）第三、第四八拍：左脚往回做双起双落跳向旁落后五位 2 次，节奏同第一、第二八拍。

图 4–93

## 十六、五位小跳和五位互换跳练习

### （一）练习目的

塑造小腿肌肉线条，增强小腿的柔韧性。

### （二）练习内容

音乐：小快板。

准备：右脚前五位面向∠1，手一位。1 ~ 3 拍，不动；4 拍，半蹲。

（1）第一八拍：1 ~ 4 拍，五位小跳 3 次；5 ~ 8 拍，重复 1 ~ 4 拍动作。

（2）第二八拍：1 ~ 7 拍，五位换位跳 7 次；8 拍，站直，再蹲。

（3）第三、第四八拍：左脚在前，重复第一、第二八拍动作。

## 十七、换脚跳练习

### （一）练习目的

这是一种单起单落的换脚跳。通过训练可以使身体感觉变得灵动、轻盈，腿部肌肉更加富有力量和弹性，加上头的动作，可以使自己显得灵巧而活泼。

### （二）练习内容

音乐：小快板。

准备：站左脚前五位向∠1，手一位。1 ~ 4 拍不动。

（1）第一八拍：1 ~ 4 拍，半蹲，右脚一位擦地向旁提起，再落地成五位脚半蹲（图 4–94、图 4–95）；5 ~ 8 拍，做左脚动作。

（2）第二八拍：1 ~ 4 拍，同第一八拍的 1 ~ 4 拍；5 ~ 8 拍，五位小跳 1 次。

（3）第三、第四八拍：右脚做第一、第二八拍的逆向动作。

图 4–94

图 4–95

# 第五章

# 艺术跳皮筋体能训练

## ——让健美体态为健康加油

艺术跳皮筋是以艺术和健美为主要特征，以节奏为中心，以人体自然动作和自我表现为基础的运动。它也是一项新型的，在美的享受中培养学生艺术欣赏能力、表现能力的运动。

艺术跳皮筋体能训练可以增强肌肉韧带的柔韧性。通过绕环、屈伸和波浪、摆动跳跃、转体等复杂的综合动作，全身各关节不仅得到了充分的活动，加大了关节活动的幅度，而且各部位肌肉韧带的长短和弹性亦得到均衡的发展，还增强了各种感觉器官的功能。由于人体必须与器械、音乐协调地完成复杂多变的动作，因此训练可提高大脑皮质的反应，并使视觉、听觉、肌肉本体感觉等机能得到全面的提高。

# 第一节 皮筋健身操

下面介绍王守中老师为儿童创编的“绳操”。

## 一、伸展运动

预备姿势：两手握绳（将短绳折叠成 50 厘米左右长）的两端下垂于体前，两手距离比肩稍宽。（图 5–1）

（1）右脚侧出一步，右臂向右侧平举，同时左臂胸前屈肘。（图 5–2）

（2）与图 5–2 动作相同，但出左臂。

（3）双臂还原再横绳上举，抬头。（图 5–3）

（4）还原立正姿势。

（5）重复上述动作一遍。

图 5–1

图 5–2

图 5–3

## 二、下蹲运动

预备姿势：直立，两手握绳垂于体前。（图 5–4）

（1）左脚侧出一步，体前屈臂，绳套左肘后将绳绕至身后，双臂屈肘，左臂在上，右臂在下。（图 5–5、图 5–6）

（2）全蹲，绳置于腰后。（图 5–7）

（3）起立，左臂外翻屈肘，提绳于头上。（图 5–8）

（4）还原直立姿势。（图 5–9）

（5）重复上述动作一遍。

图 5–4

图 5–5

图 5–6

图 5–7

图 5–8

图 5–9

## 三、踢腿运动

预备姿势：直立，两手握绳垂于体前。（图 5–10）

（1）横绳上举，同时左脚前出一步，重心前移。（图 5–11）

（2）横绳前平举，同时右腿前上踢，绷脚碰绳。（图 5–12）

（3）还原图 5–11 姿势。

（4）还原为预备姿势。

（5）做反方向动作，即出右脚踢左腿。

图 5-10

图 5-11

图 5-12

## 四、体侧运动

预备姿势：直立，两手握绳垂于体前。（图 5-13）

（1）左脚侧出，横绳上举，抬头。（图 5-14）

（2）上体左侧屈，左脚尖翘起，脚跟着地（图 5-15），还原预备姿势。

（3）同图 5-15 动作，但方向相反。

（4）还原预备姿势。

（5）重复上述动作一遍。

图 5-13

图 5-14

图 5-15

## 五、体转运动

预备姿势：直立，两手握绳垂于体前。

（1）双臂前举。

（2）左臂向左侧平举，右臂胸前屈肘，左转体，目视左手。
（3）双臂前举。
（4）还原预备姿势。
（5）做反方向动作，即右转体。

## 六、体前屈运动

预备姿势：直立，两手握绳垂于体前。（图 5-16）
（1）左脚侧出一步，双臂上举，抬头。（图 5-17）
（2）上体前屈，力争使绳触地面。（图 5-18）
（3）起身，双臂上举。
（4）还原成预备姿势。
（5）重复上述动作 1 遍。

图 5-16

图 5-17

图 5-18

## 七、全身运动

预备姿势：直立，两手握绳垂于体前。（图 5-19）
（1）左脚向左成左弓步，双臂上举。（图 5-20）
（2）体前屈，双手持绳触地。（图 5-21）
（3）还原直立，双臂上举，转体 180° 成右弓步，做体前屈。
（4）还原成直立姿势。
（5）做反方向动作。

图 5-19

图 5-20

图 5-21

## 八、跳跃运动

预备姿势：直立，两手握绳垂于体前。

（1）持绳前平举的同时两脚开并步跳跃。

（2）还原成直立姿势。

（3）持绳向上举的同时两脚开并步跳跃。

（4）还原预备姿势。

（5）重复上述动作一遍。

# 第二节 皮筋健力操

健力操是由关槐秀、王少甫老师主编的中小学民族健身操中的套操，在“素质教育与体育模式”课题研讨的学校里推广试用，受到广大师生的普遍欢迎。健力操是根据中小学生生理、心理特点编创的，主要是增强上肢、肩带、腰腹肌肉群的力量，提高机体能力，使身体变得丰满、匀称，使各关节都得到充分活动，促进学生身体健康发育。通过健力操的练习，能培养学生的节奏感、韵律感，亦是美育教育的一种手段。

## 一、头部运动 2×8 拍

预备姿势：两脚并拢，皮筋对折挂在颈后，两手握住皮筋两端，两臂自然弯曲。

第一八拍（图 5–22、图 5–23）

1 拍，左腿弯曲的滚动步 1 次，同时两臂弯曲胸前交叉（拳心向内），低头。

2 拍，右腿弯曲的滚动步 1 次，同时头还原成直立。

3 拍，左腿弯曲的滚动步 1 次，同时两臂打开至侧举（拳心向下），抬头。

4 拍，右腿弯曲的滚动步 1 次，同时头还原成直立。

5 拍，左腿弯曲的滚动步 1 次，同时右臂胸前平屈、左臂侧举，头右转。

6 拍，还原成并腿立，两臂侧举，头还原成直立。

7 ~ 8 拍，同 5 ~ 6 拍，但方向相反。

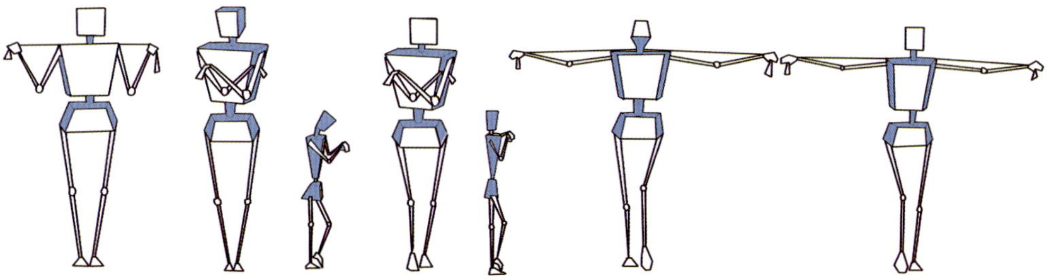

图 5–22

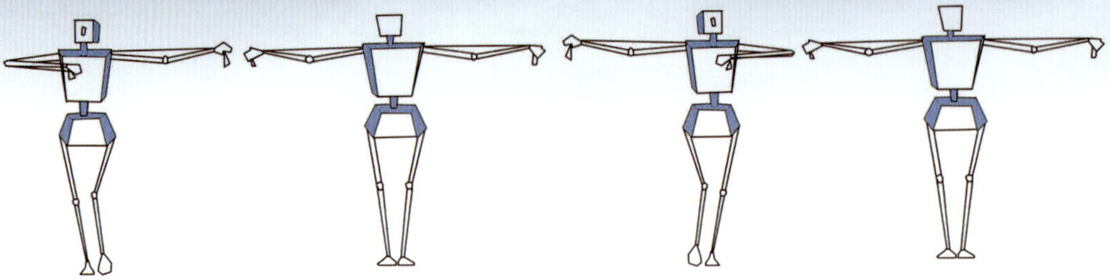

图 5-23

第二八拍

同第一八拍（最后一拍还原成预备姿势）。

## 二、腕肘运动 2×8 拍

预备姿势：两脚并拢踩住皮筋，两手握手柄于体侧。

第一八拍（图 5-24、图 5-25）

1 拍，两臂伸直向前屈腕提拉皮筋至体前 30°。

2 拍，两臂向上立腕提拉皮筋至体前 60°。

3 拍，两臂再向上提腕提拉皮筋至体前平举。

4 拍，两手翻转成拳心向上。

5 拍，双臂屈肘 90°，上臂与身体夹角为 45°，拳心向内。

6 拍，还原成两臂前平举。

7 拍，同 5 拍。

8 拍，还原成预备姿势。

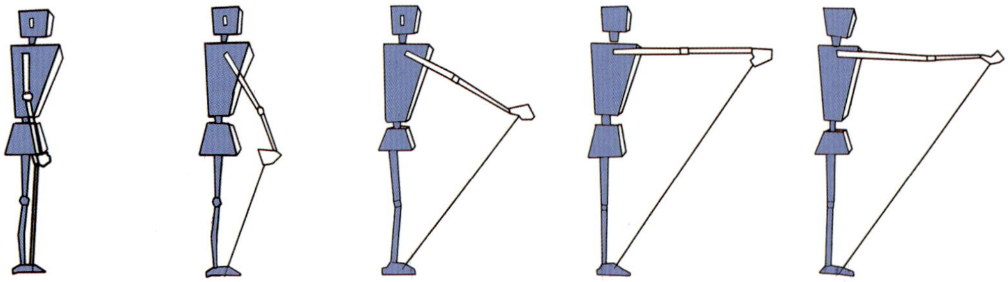

图 5-24

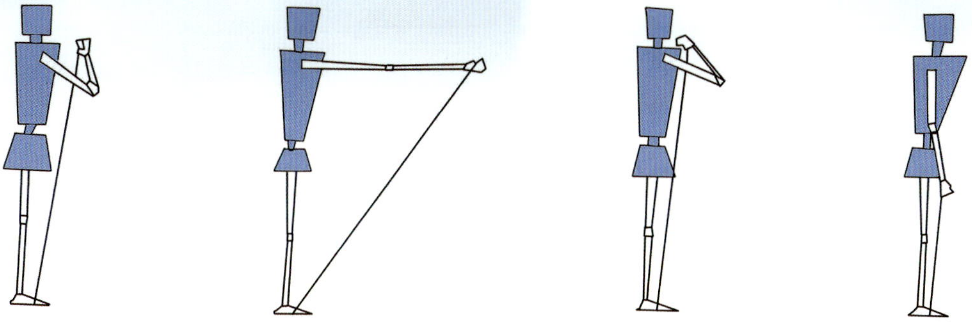

图 5-25

第二八拍（图 5-26、图 5-27）

1 拍，两臂伸直向侧屈腕提拉皮筋至侧下举 30°　。

2 拍，两臂向上立腕提拉皮筋至侧下举 60°　。

3 拍，两臂再向上屈腕提拉皮筋至体侧举。

4 拍，两翻转成拳心向上。

5 拍，两臂屈肘成前臂垂直于地面的肩侧屈，拳心向内。

6 拍，成两臂侧举。

7 拍，同 5 拍。

8 拍，还原成两手握拳屈肘于腰际（拳心向外）的直立。

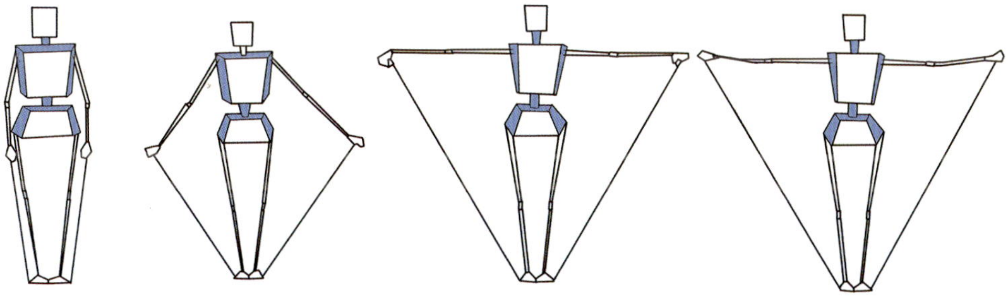

图 5-26

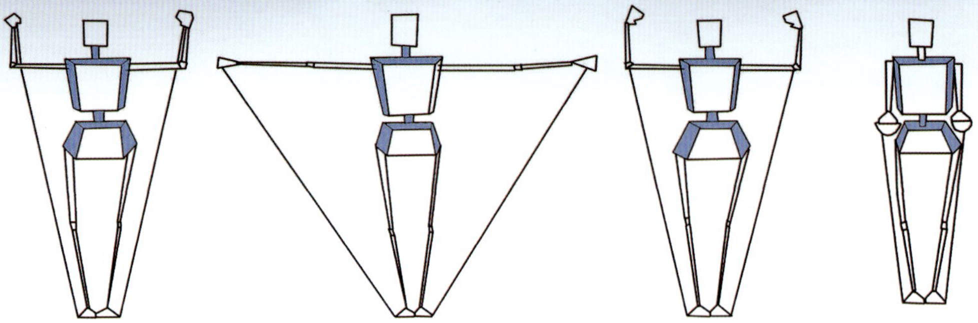

图 5-27

## 三、上肢运动 2×8 拍

预备姿势：同腕肘运动姿势。

第一八拍（图 5-28、图 5-29）

1 拍，屈膝半蹲，同时提拉皮筋，将皮筋绕至肘外成两臂胸前平屈。

2 拍，还原成预备姿势。

3 ~ 4 拍，同 1 ~ 2 拍。

5 拍，屈膝半蹲，同时左臂向上推至上举（拳心向前）。

6 拍，还原成预备姿势。

7 ~ 8 拍，同 5 ~ 6 拍，但举右臂。

第二八拍

同第一八拍。

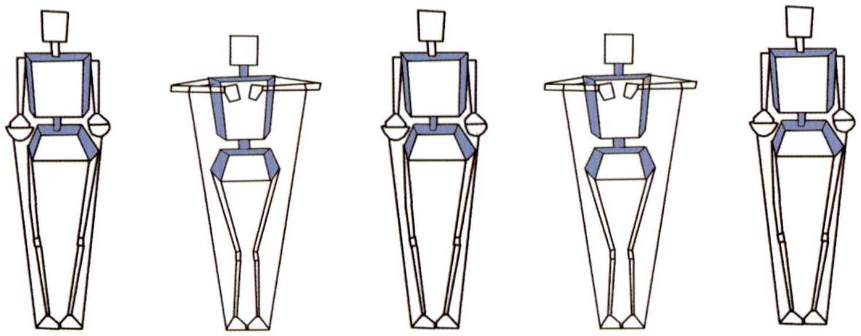

图 5-28

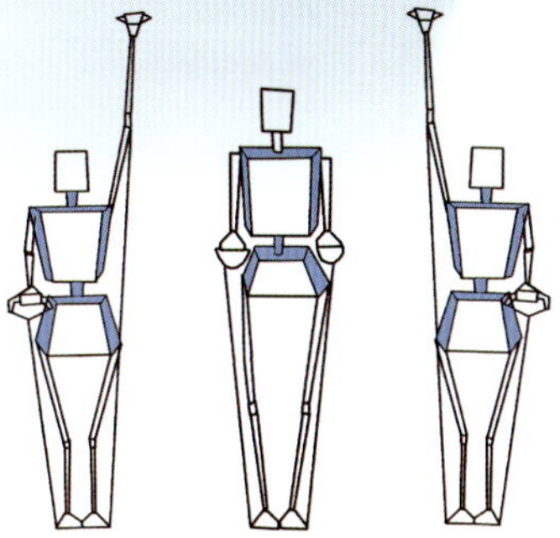

图 5-29

## 四、肩部运动 2×8 拍

预备姿势：两腿并拢踩住皮筋，两手握手柄于体侧。

第一八拍（图 5-30）

1 ～ 2 拍，屈膝半蹲，同时左臂从前经上向后绕环 1 周，还原成预备姿势。

3 ～ 4 拍，同 1 ～ 2 拍，但换右臂做。

5 ～ 6 拍，屈膝半蹲，同时两臂从前经上向后绕环 1 周，还原成预备姿势。

7 ～ 8 拍，同 5 ～ 6 拍。

第二八拍

同第一八拍。

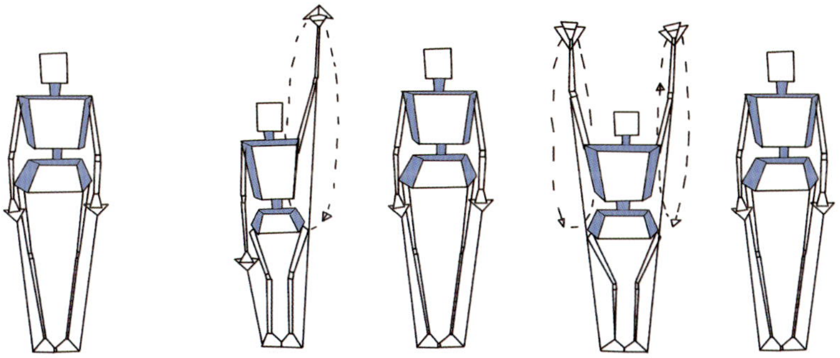

图 5-30

## 五、扩胸运动 2×8 拍

预备姿势：两腿并拢踩住皮筋，两手握手柄于体侧。

第一八拍（图 5-31）

1 拍，两臂屈肘于胸前交叉，两手触肩，同时低头。

2 拍，两臂经前打开至侧举，后振 1 次，拳心向前。

3 拍，同 1 拍。

4 拍，还原成预备姿势。

5 ~ 8 拍，同 1 ~ 4 拍。

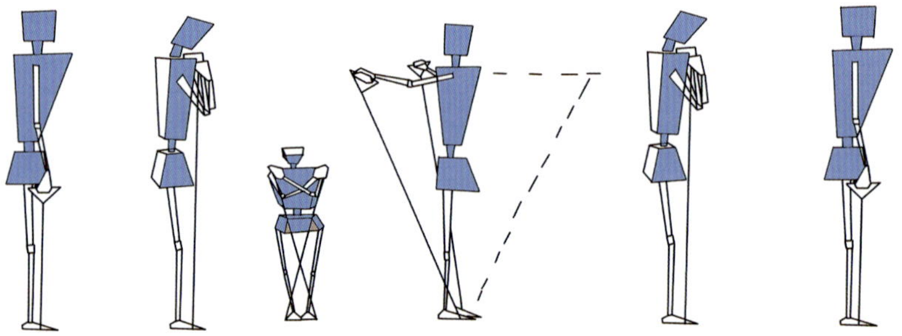

图 5-31

第二八拍（图 5-32）

1 拍，左腿向前一步成右脚踩住皮筋的左弓步，同时两臂提拉皮筋至前举，拳心向下。

2 拍，两臂向侧至侧举后振 1 次。

3 拍，同 1 拍。

4 拍，还原成预备姿势。

5 ~ 8 拍，同 1 ~ 4 拍，但方向相反。

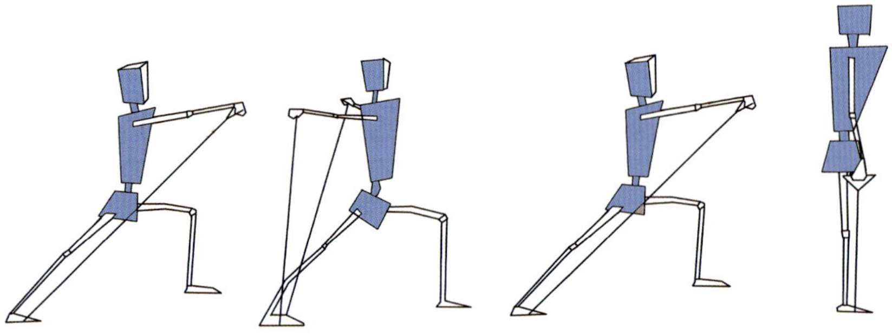

图 5-32

## 六、体侧运动 2×8 拍

预备姿势：两腿并拢踩住皮筋，两手握手柄于体侧。

第一八拍（图 5–33）

1 拍，两臂屈肘提拉皮筋，左臂在体前（拳心向里），右臂在体后。

2 拍，屈膝半蹲，同时左臂伸直经下提拉皮筋至侧举（拳心向上）。

3 拍，左腿向左一步踩住皮筋成分腿立，同时左臂提拉皮筋至上举，上体向右侧屈振 1 次 (拳心向里)。

4 拍，还原成预备姿势。

5 ~ 8 拍，同 1 ~ 4 拍，但方向相反。

第二八拍

同第一八拍。

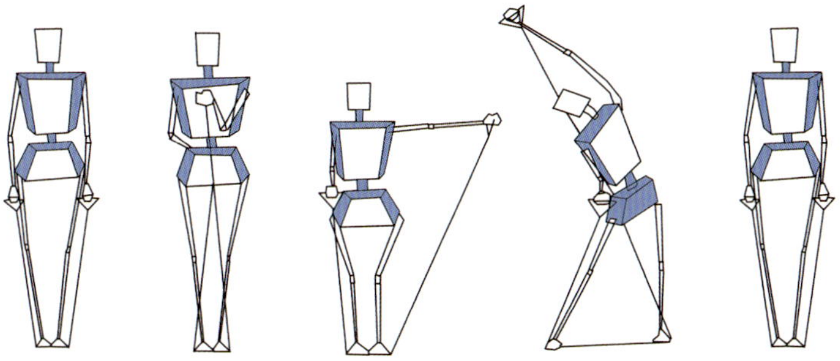

图 5–33

## 七、体转运动 2×8 拍

预备姿势：两腿并拢踩住皮筋，两手握手柄于体侧。

第一八拍（图 5–34、图 5–35）

1 拍，屈膝半蹲，两臂屈肘提拉皮筋，左臂在体前，右臂在体后，同时上体向左转 90°。

2 拍，还原成预备姿势。

3 拍，同 1 拍，但方向相反。

4 拍，还原成两臂屈肘、两拳收于腰际的站立姿势。

5 拍，屈膝半蹲，上体向右转 90°，同时两臂立腕提拉皮筋推出成左臂前举，右臂侧举。

6 拍，同 4 拍。

7 拍，同 5 拍，但是方向相反。

8 拍，还原成预备姿势。

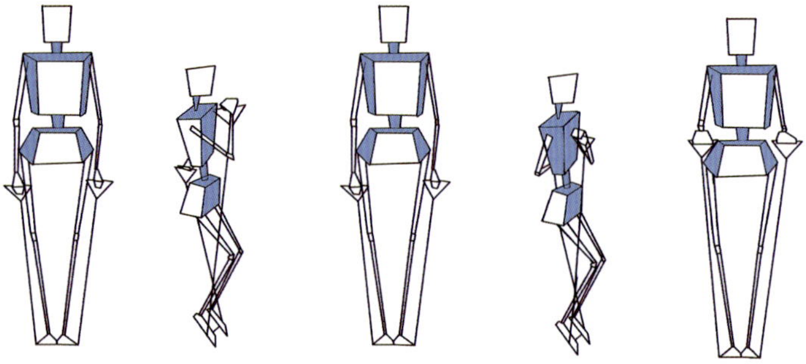

图 5-34

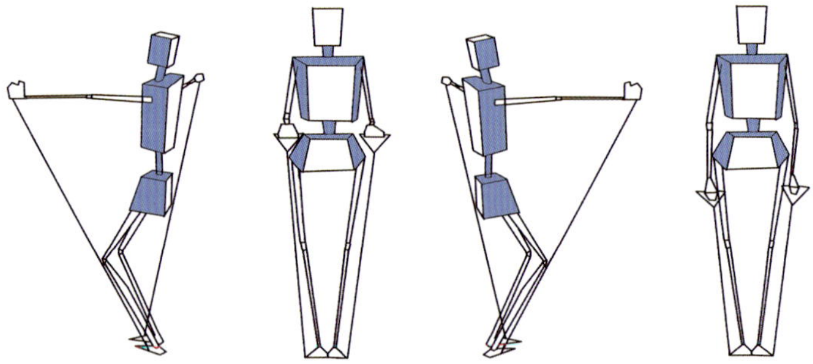

图 5-35

第二八拍（图 5-36）

1 拍，屈膝半蹲，上体前屈至水平部位，同时两臂提拉皮筋成右臂前举、左臂后举，头向左转，眼看左手。

2 拍，还原成预备姿势。

3 ～ 4 拍，同 1 ～ 2 拍，但两臂伸出的方向相反。

5 ～ 8 拍，同 1 ～ 4 拍。

第二八拍

同第一八拍。

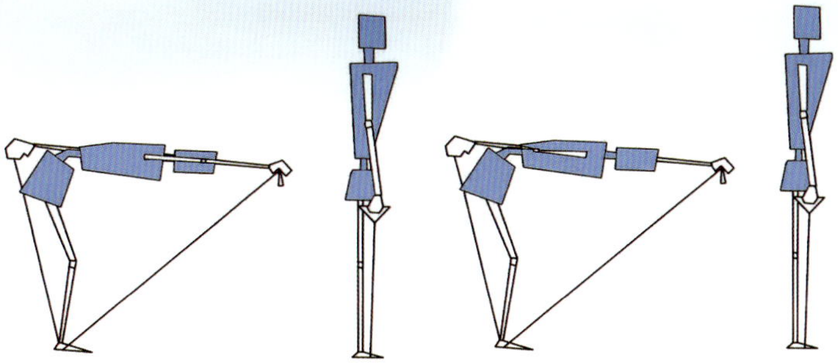

图 5-36

## 八、踢腿运动 2×8 拍

预备姿势：两腿并拢踩住皮筋，两手握手柄于体侧。

第一八拍（图 5-37）

1 拍，左脚向后撤出皮筋后还原并步站立，两臂提拉皮筋前举，拳心向下。

2 拍，右腿向前上方踢起，右脚撑住皮筋，将其带起；同时两臂向侧伸拉皮筋至平举。

3 拍，还原成 1 拍姿势。

4 拍，还原成预备姿势。

5 ～ 8 拍，同 1 ～ 4 拍，但踢左腿。

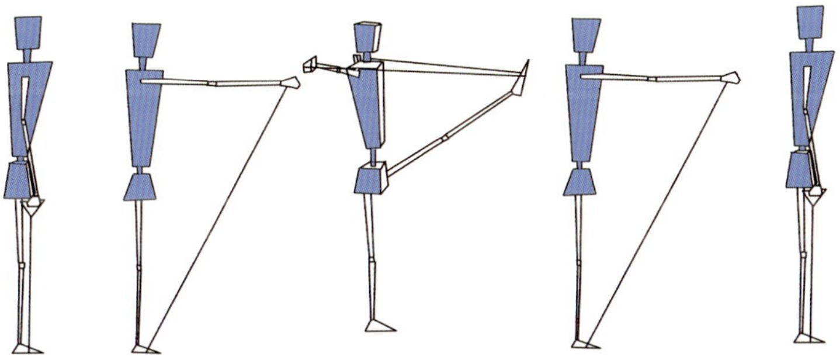

图 5-37

第二八拍（图 5-38）

1 拍，右脚踩住皮筋，左脚向前撤出皮筋与右脚并拢站立，同时两臂提拉皮筋成侧举。

2 拍，右腿向后上方踢起，右脚支撑皮筋将其带起，同时两臂屈肘，将皮筋拉至与下颌同高。

3 拍，还原成 1 拍姿势。

4 拍，还原成预备姿势。

5 ~ 8 拍，同 1 ~ 4 拍，但踢左腿。

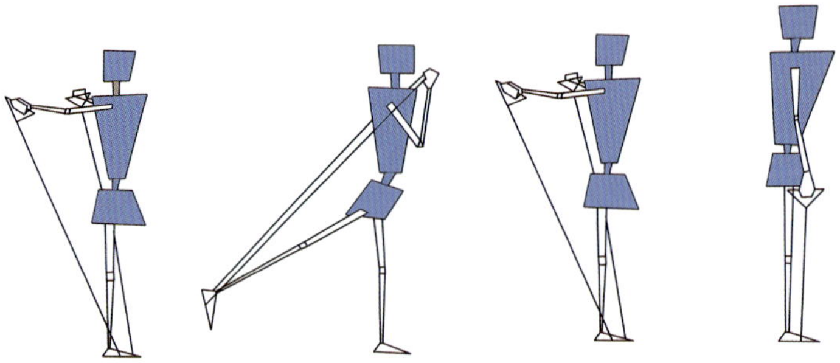

图 5-38

## 九、腹背运动 2×8 拍

预备姿势：两腿并拢踩住皮筋，两手握手柄，两臂弯曲交叉于体后。

第一八拍（图 5-39）

1 拍，屈膝半蹲，抬头挺胸。

2 拍，还原成预备姿势。

3 拍，两腿伸直，体前屈，两手不动。

4 拍，还原成预备姿势。

第二八拍

同第一八拍。

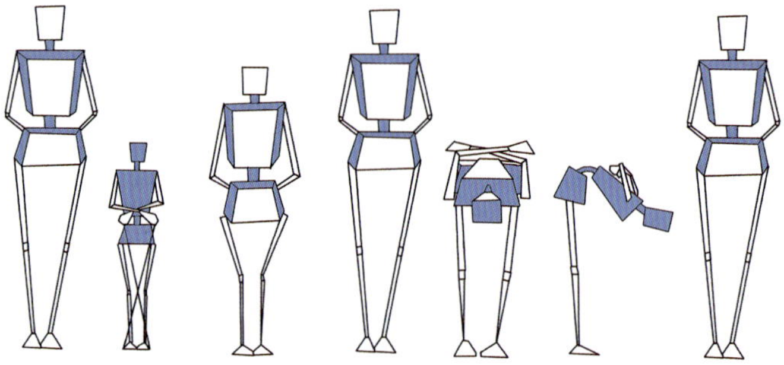

图 5-39

## 十、全身运动 2×8 拍

预备姿势：两腿并拢踩住皮筋，两手握手柄于体侧。

第一八拍（图 5-40）

1 拍，两臂经体侧提拉皮筋上举，拳心相对。

2 拍，屈膝全蹲，同时两臂屈肘将皮筋绕至肘后，双手扶膝（手指相对），目视前方。

3 拍，左腿向前迈出成右脚踩住皮筋的左弓步，同时两臂经前提拉皮筋至侧上举，拳心向外。

4 拍，还原成预备姿势。

5 ~ 8 拍，同 1 ~ 4 拍，但做右弓步。

第二八拍

同第一八拍。

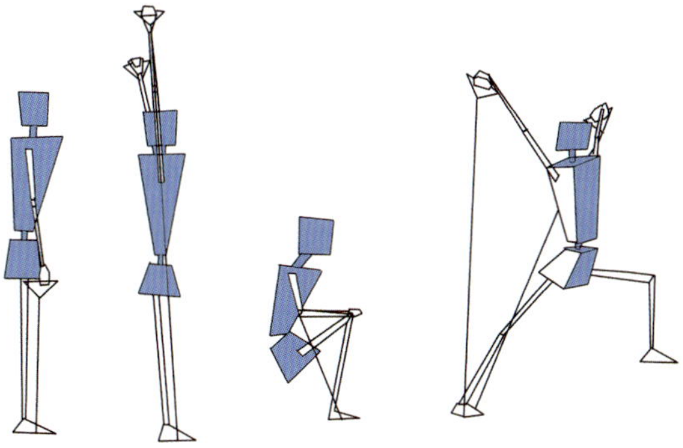

图 5-40

## 十一、跳跃运动 4×8 拍

预备姿势：两腿并拢踩住皮筋，将皮筋交叉于体前，两手握手柄于体侧。

第一八拍（图 5-41、图 5-42）

1 拍，双脚跳起 1 次，同时左手提拉皮筋至左侧腰际，拳眼向前。

2 拍，双脚跳起 1 次，同时右手提拉皮筋至右侧腰际，拳眼向前。

3 拍，双脚跳起 1 次，同时左手提拉皮筋至右肩侧屈。

4 拍，双脚跳起 1 次，同时右手提拉皮筋至右肩侧屈。

5 拍，双脚跳起 1 次，同时左手提拉皮筋至上举，拳心向前。

6 拍，双脚跳起 1 次，同时右手提拉皮筋至上举。拳心向前。

7 ~ 8 拍，双脚连续跳 2 次，同时上举击手柄 2 次，还原。

第二八拍

同第一八拍，但方向相反。

第三、第四八拍

分别同第一、第二八拍。

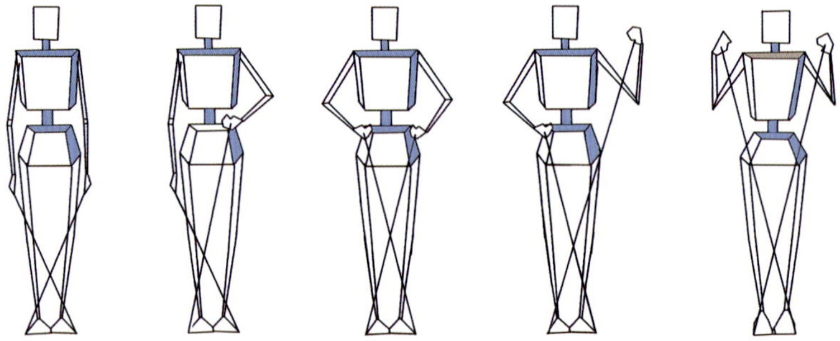

图 5-41

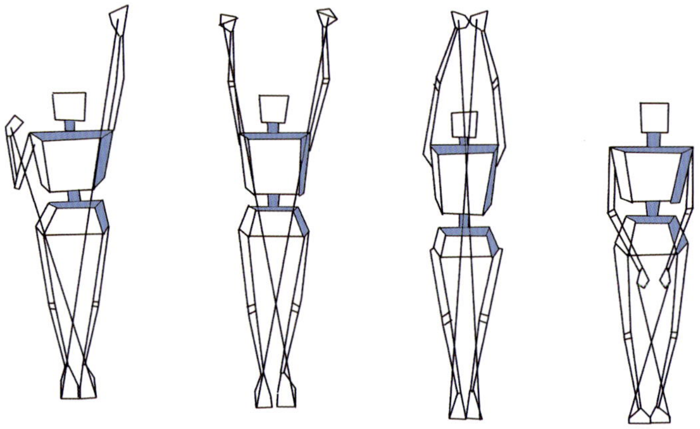

图 5-42

## 十二、整理运动 4×8 拍

预备姿势：两腿并拢直立，右手握住四折皮筋。

第一八拍（图 5-43）

1 ~ 4 拍，原地踏步，两臂放松，自然摆动。

5 拍，两臂经侧放松下摆至腹前交叉。

6 拍，两臂向外摆至侧举。

7 拍，两臂屈肘成双手触肩的肩侧屈。

8 拍，双臂经侧还原成预备姿势。

第二至第四八拍

同第一八拍。

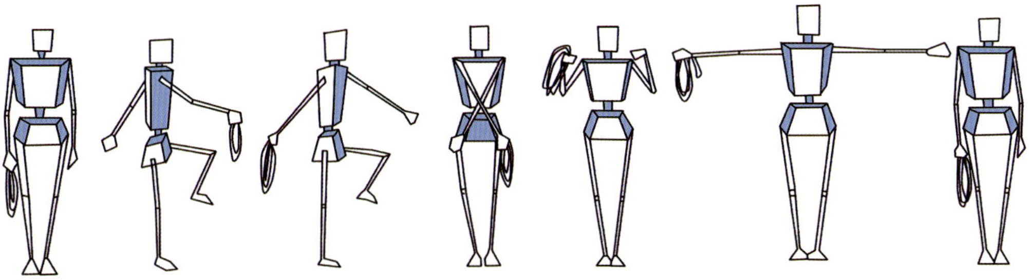

图 5-43

# 第三节 体能训练教材创编

发展体能是体育教学的主要目标之一，理应受到足够的重视。发展体能的练习可以有效地改善身体形态，提高身体机能，增强对自然环境的适应能力，从而达到增进健康、增强体质的目的。

在教材的分类体系中，可以把体能练习集中起来单独分类，也可以作为各类教材中的重要组成部分，但是在实施体能练习的教学实践中，把体能练习与基本技能结合起来，在小学体育教学实践中，把体能练习与游戏教材和舞蹈教材结合起来，就会产生更加良好的教学效果。此外，广泛采用徒手、双人、小负荷的体能练习以及日常生活中便于开展的体能练习，有利于学生经常性地参与体育活动。

## 一、小学体能练习的主要内容

小学体能练习的基本内容包括走、跑、跳、投、悬垂、支撑、攀登、爬越和平衡能力训练等，其中重点是跑、跳、投，对综合性的体能练习也要给予关注。以下为发展各项运动能力的基本训练方法。

（1）发展走、跑能力：原地高抬腿、走跑交替、自然地形跑、往返跑、定时跑、障碍跑。

（2）发展跳跃能力：跳单双圈，高处跳下，单腿跳（两腿交换），立定跳远，原地单、双脚跳，蹲起跳，蛙跳，跳台阶。

（3）发展投掷能力：推举沙袋、上举哑铃、传递实心球、推抛实心球。

（4）发展悬垂、支撑能力：单杠悬垂屈臂、双杠支撑前移、靠墙手倒立、推小车。

（5）发展攀登、爬越能力：爬绳、爬杆、攀爬大梯、爬过铁丝网、爬过高墙。

（6）发展平衡能力：垫上的各种滚翻、过独木桥、平衡木上角力、单腿燕式平衡。

## 二、创编体能练习的基本思路

上述小学体能练习的基本内容均是从教学大纲和各省教学要求中摘录的，是否可以根据这些内容，进一步结合学生的特点和学校的条件，创造出新的内容呢？这不仅是完全可能的，也是完全必要的。目前，体育教学中存在着一种误导，认为体能练习本身就是简单动作的重复，就是枯燥练习的集合，甚至把体能练习等同于达标，就像头痛医头、脚痛医脚那样，在测评项目中有 50 米跑，就反复练 50 米跑，有立定跳远就练立定跳远，并把这样的练习称之为开展体育锻炼标准或达标练习。当前的体育教学中，教师们常常把体育课上成了达标课，这种误导突出了它的功利性，对学生身体素质的协调发展是不利的。

开拓创编体能练习的思路就是要丰富体能练习的内容，使其具有典型化、形象化、游戏化的特征，让学生在自我展现中提高体能，促进认知水平与技能水平的发展，进而实现身心素质的协调发展。

### （一）从模仿中寻找思路

小学生，特别是小学低年级学生善于模仿，以模仿为思路创编体能练习是一种行之有效的方法。现举动物行走的模仿实例如下。

**1. 象的步行**

发展体能项目：四肢力量。

预备姿势：上体前屈，两手撑地，两腿及两臂伸直。

动作方法：①身体重心移至左侧，右侧臂与腿同时向前迈一步；②还原开始姿势；③身体重心移至右侧，左侧臂与腿同时向前迈一步；④还原开始姿势。

**2. 蛇的爬行**

发展体能项目：腰腹力量。

预备姿势：跪地，上体前屈，身体重心前移，两手与两臂贴地。

动作方法：①身体重心进一步前移，至胸与腹部贴地，使整个身体贴地；②两手与前臂支撑用力，重心进一步前移，上体抬起，收腹、收腿至跪撑姿势。

### （二）从形象中寻找思路

模仿侧重于直观，而形象练习则可以在模仿的基础上进一步进行抽象与概括。例如，我们不能像模仿蛇的爬行一样模仿飞机的飞行。虽然我们无论怎么努力也没法飞到空中，但是我们可以在模仿的基础上，抽象和概括出飞机飞行的特点，从动作形象中找到创编体能练习的思路。

**1. 飞机飞行**

发展体能项目：行走与平衡。

预备姿势：直立，两臂侧举，掌心向下。

动作方法：①飞机起飞——由蹲立开始，逐步提高重心前进，最后至站立前进；

②飞机飞行——保持侧举，可以向左、右、前、后不同方向行走，模仿飞机飞行；③飞机降落——由站立行走逐步降低重心至蹲立行走，最后至蹲立静止动作（如要提高难度，“飞行”过程中还可增加一腿抬起的燕式平衡姿势）。

### 2. 火车前进

发展体能项目：行走与下肢弹跳能力。

预备姿势：10 人一组，排成纵队，排头者为火车头，其余学生左手搭在前人肩上，全体人员的右手同时握住一根长竹竿。

动作方法：①右臂按节奏做上下屈伸与前后屈伸动作；②踏步前进，或单腿跳跃前进，或双腿跳跃前进。

## （三）从与基本技术的结合上寻找思路

把体能练习与运动项目的基本技术结合起来，既能发展体能，又能巩固技术，可以达到一箭双雕的目的。同时还大大地提高了学生的学习兴趣，下面以篮球基本技能为例。

### 1. 传递篮球

发展体能项目：在熟悉篮球球性的基础上，发展身体各部位的协调能力。

动作要求：8 人一队，纵队站立，队员间距半步至一步，排头持篮球。传递篮球可采用头上传递、胯下传递、左右侧交叉传递等不同方式；球传到排尾，排尾即跑步至排头，传递重新开始。全队人轮换一遍，活动结束。

### 2. 运球接力

发展体能项目：篮球运动技术与奔跑能力。

动作要求：两个人数相同的队，运球接力跑，动作要符合技术要求，行进快者为胜。

## （四）从游戏化中寻找思路

体能练习重复次数多、变化少就会使学生感到枯燥乏味，游戏化则可以提高学生的学习兴趣。下面以投掷为例。

### 1. 击木柱

发展体能项目：增强上肢爆发力，发展协调性，提高判断力。

动作要求：参赛者手持击球棒，在规定的距离内击打木柱，木柱共三根，摆成三角形，以击倒数量多者为胜。可单人比赛，也可团体比赛。

**2. 掷球打靶**

发展体能项目：投掷与投准能力。

动作要求：靶可设在墙上或地上，画上圆心和圆环，以小皮球、小沙袋或垒球为投掷器械，以击中环数的多少计胜负。可单人比赛，也可团体比赛。

### （五）从替代器材中寻找思路

体能练习往往是一个班级全体同学同时进行的练习，目前一些学校的正规器械，如双杠、平衡木等往往在数量上达不到要求，因此，可以采用一些替代器械。

**1. 利用墙壁进行体能练习**

（1）推墙练习。（图 5-44、图 5-45）

（2）靠墙手倒立。（图 5-46）

（3）仰卧举腿掷球。（图 5-47、图 5-48）

**2. 利用高台进行体能练习**

（1）手撑高台俯卧撑。（图 5-49、图 5-50）

（2）脚撑高台俯卧撑。（图 5-51、图 5-52）

（3）跳上跳下高台练习。（图 5-53、图 5-54）

图 5-44

图 5-45

图 5-46

图 5-47

图 5-48

图 5-49

图 5-50

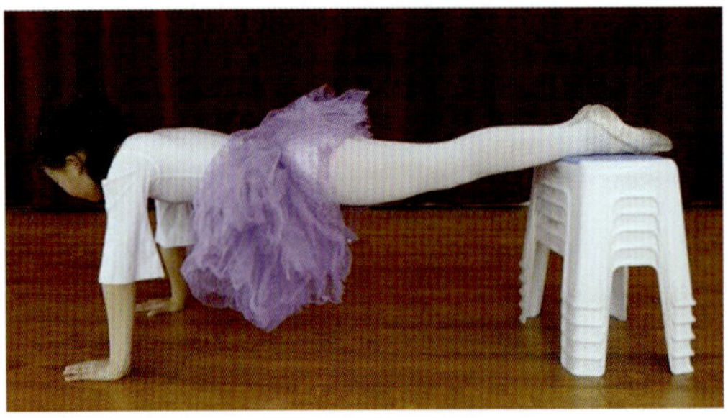

图 5-51

图 5-52

图 5-53

图 5-54

### （六）从人员组织上寻找思路

在体能练习中，还可以利用人体自身的重力和阻力来寻找创编体能练习教材的思路。下面介绍双人体能练习。

（1）拉臂：力量、协调和平衡练习。（图 5-55、图 5-56）

（2）角力：综合体能练习。（图 5-57）

（3）掰腕：上肢力量练习。（图 5-58）

（4）推小车：上肢力量练习。（图 5-59）

（5）拔河：力量与灵巧练习。（图 5-60）

（6）手扶倒立：上肢力量与平衡练习。（图 5-61）

（7）背人蹲起：下肢力量练习。（图 5-62、图 5-63）

图 5-55

图 5-56

图 5-57

图 5-58

图 5-59

图 5-60

图 5-61

图 5-62

图 5-63

## （七）从轻器械动作组合上寻找思路

在小学的体能练习中，可以大量采用各种轻器械练习，这是指采用小沙袋、小手绢、小哑铃、小球、小圈等的练习。如要采用轻器械来创编体能练习，就应当在动作组合上寻找思路。下面以轻哑铃为例介绍一组体能练习。

轻哑铃组合练习：

（1）上推举。（图 5-64、图 5-65）

（2）侧推举。（图 5-66、图 5-67）

（3）前推举。（图 5-68、图 5-69）

（4）上举。（图 5-70、图 5-71）

（5）侧举。（图 5-72、图 5-73）

（6）前平举。（图 5-74、图 5-75）

图 5-64

图 5-65

图 5-66

图 5-67

图 5-68

图 5-69

图 5-70

图 5-71

图 5-72

图 5-73

图 5-74

图 5-75

# 第六章

# 艺术跳皮筋教学设计案例

## ——为创新而教，创新的核心是突破

学校应依据《体育与健康》课程标准的基本理念进行教学设计，以健康第一为指导思想，全面发展学生身心，促进学生健康成长。

艺术跳皮筋运动来源于民间体育游戏。实践证明，这是一项优秀的传统体育资源。这项体、艺、美综合的展现技能、技巧的运动深受学生喜爱。将其引入学校课间、课外活动，竞赛及校本课程中，能让体育教学与学生的兴趣爱好相结合，让学生集体体验成功的快乐。

## 案例一　趣味性跳皮筋游戏教学设计

**授课教师：**张振良　　**授课班级：**二（3）班　　**指导教师：**刘佳妮

| | | | | | |
|---|---|---|---|---|---|
| 教材 | 学习：翻筋<br>游戏：老鹰捉小鸡 | | | | |
| 教学任务 | 认知目标：了解跳皮筋的翻筋基本动作及方法<br>技能目标：初步掌握跳皮筋的方法，提高身体的协调性和灵活性<br>情感目标：体验合作游戏的快乐<br>教育目标：培养对皮筋游戏的兴趣 | | | | |
| 结构 | 课的内容 | 时间 | 教师指导 | 学生活动 | 教育内容方法 |
| 开始部分 | 课堂常规<br>（1）师生问好<br>（2）宣布本课内容 | 3 分钟 | 组织<br>（1）向学生问好<br>（2）提课堂要求 | 学生队形：六列纵队<br>要求：队形整齐，精神饱满 | 培养学生组织性、纪律性 |
| 准备部分 | 民间体育游戏和点、迈基本动作的童谣跳皮筋游戏<br>（1）“翻饼烙饼”“拉大锯”<br>（2）跳皮筋、读唐诗<br>（3）马兰花 | 7 分钟 | 组织<br>（1）教师提示动作要领与要求<br>（2）组织学生在说歌谣的同时练习跳皮筋<br>（3）小结 | 练习队形<br>（1）两人一组散点练习<br>（2）一边说歌谣一边跳皮筋<br>（3）动作轻巧、到位 | 培养合作意识及积极、认真练习的习惯 |
| 基本部分 | 一、学习<br>翻筋的动作方法重点：脚内侧挑筋<br>难点：脚挑、手接筋配合协调 | 27 分钟 | 一、教法<br>（1）教师示范讲解翻筋的动作方法<br>（2）组织用脚内侧翻筋的练习<br>（3）请做得好的同学演示<br>（4）组织脚内侧挑起筋后用手接过从头上翻过来的练习<br>（5）请做得好的同学演示<br>（6）巡视指导、纠正动作<br>（7）组织展示 | 一、组织<br>（1）认真观看教师的示范动作，了解方法<br>（2）5 人或 6 人一组进行练习<br>（3）演示动作<br>（4）5 人或 6 人一组进行完整动作练习<br>（5）演示动作<br>（6）互相帮助，学习、掌握方法<br>（7）各组进行翻筋动作展示 | 养成认真学习的态度和小组合作精神 |

| 结构 | 课的内容 | 时间 | 教师指导 | 学生活动 | 教育内容方法 |
|---|---|---|---|---|---|
| 基本部分 | 二、游戏<br>“老鹰捉小鸡” | | 二、教法<br>1. 教师讲解游戏规则、方法<br>（2）组织学生分组进行练习<br>（3）小结 | 二、组织<br>（1）在规定区域内进行<br>（2）遵守游戏规则<br>（3）分组练习，提高安全意识<br>三、注意<br>（1）“老鹰”不要用力推拉“鸡妈妈”和“小鸡”<br>（2）“小鸡”小心不要被绊倒或摔倒 | |
| 结束部分 | 一、教师小结本课的情况<br>二、宣布下课 | 3 分钟 | 教师对本课情况进行总结 | 组织学生谈感受 | 培养学生美的情操 |
| 教学效果 | 运动负荷及平均心率 | | 练习密度 | 场地教材 | 皮筋 20 根 |
| | 学生课前平均心率为 80 次 / 分，课中最高心率可达 130 次 / 分 | | 35% | | |

**【点评】**

张振良老师在教学中运用童谣、游戏，使学生在快乐的体验中学习、掌握点、迈、绕、翻筋的基本动作和技巧，达到了锻炼的目的；同时在跳皮筋过程中培养了学生的合作意识。教学中张老师根据学生学习特点，采用重点讲解、比较示范等激励手段，调动学生的学习积极性，教学效果良好。

**本课的突出亮点：**

（1）本课实施过程中的开始部分，能将配音童谣、队列练习和游戏结合，课程导入效果好，调动学生学习兴趣的效果明显。

（2）本课的准备部分，将翻筋动作的重点——点、迈、绕提炼出来配以唐诗和儿歌，激发学生兴趣，同时体现了民间游戏的特色。

（3）教学过程中教师能根据学生的学段特点激发学生自主与合作的学习意识，培养创新能力。

（4）在游戏环节，教师能设计有趣的“老鹰捉小鸡”游戏，进一步激发学生的学习兴趣，使课堂始终保持良好的学习氛围。

**建议：**

（1）教学设计及教案表述应严谨、通顺，教学目标的表述应简练。

（2）情感目标应强调学生的安全及规则意识的培养，教学过程中应向学生提供安全保护的策略，如躲闪的方式、避免摔倒的方法等。

（3）本课的教学重点是“脚内侧挑筋”，应在基本部分的教学中突出教学重点，强调“脚内侧挑筋”动作的关键。

（4）基于学段的特点，教学组织形式还应安全、活泼、多样，以符合跳皮筋游戏的特点。

—— 刘佳妮

# 案例二 艺术跳皮筋基本动作组合教学设计

**授课教师：**田畅　　　　**指导教师：**关槐秀、刘佳妮

| 指导思想与理论依据 |
|---|
| 本课依据“国家基础教育课程改革”的精神，落实“健康第一”的思想，运用“体验学习法”进行教学实践。此课教材内容是依据民族传统体育项目“踩跳”的理论知识，结合农村区域特点，将跳皮筋与韵律舞蹈相结合编排而成的。教学单元共 2 课时、4 次课，教法采用教师讲授与学生体验相结合的方式；旨在通过课程资源的开发，丰富学生的学习内容，传播民族体育文化，激发学生的学习积极性，提高课堂教学的实效性，让全体学生在自主体验、合作与交流的基础上，理解和掌握体育知识和技能；培养学生积极参与体育锻炼的意识，为形成终身锻炼意识和习惯奠定基础。 |
| 教学背景分析 |
| **一、教学内容**<br>主教材是“皮筋舞”，属于艺术跳皮筋运动中的一种练习形式，主要是将跳皮筋动作中的点筋、迈筋、顶筋、绕筋、掏筋等多种基本动作方法串联成动作组合并穿插舞蹈的动作而形成的。这种形式在民间广泛流传，不但姿态优美，富于节奏，而且气氛欢快、热烈，极具表演性和观赏性，易于儿童模仿和掌握。此内容作为四年级学生校本课程的教学内容，在平时的练习中可以锻炼学生身体的协调性、柔韧性、弹跳力等素质，它的主要动作是跳过一定高度，跟体育教材中跳高项目很接近，可以作为跳高技能的启蒙教学。同时，这也是很好的锻炼下肢力量的一种方式，为今后更高难度的教学打下基础。<br>**二、学生情况**<br>艺术跳皮筋是我校重点开发的校本课程之一。学生对于民间、民族的体育项目有了一些了解，加之学生在低年级时学习了跳皮筋的基本技巧和双脚跳的练习方法，有了一定的基础，具备一定的弹跳能力。同时，四年级学生喜欢音乐，喜欢律动，愿意结伴，更愿意挑战未尝试过的体育活动，所以，学生就更加渴望参与学习。本年级共有 3 个教学班，1 班、2 班的同学对此动作掌握较好，但是学生的创造性和表现欲望不够高；而 3 班同学无论是小组合作方面还是表现欲望方面都明显高于其他两班，但是学生普遍存在踩筋现象。分析其原因主要是学生对音乐节奏不能连贯掌握，动作配合不协调，这一问题直接影响整个动作完成的效果和学生学习的兴趣。针对上述情况，在本课教学设计中，力求通过设疑、小组体验等方式激发学生的学练热情。<br>**三、教学方式**<br>本次课的教学内容是学习皮筋舞第二高度的 6 个套路组合，是围绕设疑→解疑→小组交流→互学互练→小组展示的教学模式开展的。<br>**四、教学手段**<br>本堂课教师采用设疑、动作讲解示范、出示教学挂图等方法并结合听音乐、打节奏、说童谣等手段来激发学生的学习兴趣，更好地解决本课的教学重点、难点。 |

| 教学背景分析 |
| --- |
| **五、技术准备**<br>本节课在教学中有以下四个方面的技术准备。<br>场地设置：两个三角形和一个正方形。<br>器材布置：自制的皮筋花绳，3 米一根，共计 10 根。<br>背景音乐：练习中为使学生更好地掌握相关技能，培养学生韵律感，我们采用歌曲《大家一起喜洋洋》作为练习音乐。<br>教学方法：利用动作图示和要领口诀对学生自主学练进行辅助。要领口诀如下：<br><br>转筋动作有三点，一迈压筋要准确<br>二绕方向要牢记，三转重心向上提<br>绕转方向要相反，这样才能把关闯 |
| 教学目标（内容框架） |
| **一、知识与技能目标**<br>学生能说出皮筋舞的动作要领，80% 左右的学生能较好地掌握皮筋舞第二高度的点、顶、绕筋的技巧，体会膝、踝关节自然屈伸和脚掌蹬地的要领。30% 左右的学生能够做到不踩筋，并将第二高度的 6 个组合动作熟练掌握。<br>**二、过程与方法**<br>通过小组自主体验、合作交流等学习方式，学习皮筋舞第二高度的 6 个组合动作，发展学生的灵敏性、协调性、韵律感，提高跳跃能力。<br>**三、情感态度与价值观**<br>在教学中培养学生积极进取、认真学练和欣赏美、展示美的勇气，在小组练习中培养学生互帮互学、团结协作的精神和安全与规则意识。 |
| 教学过程（文字描述） |
| **一、开始部分（3 分钟）**<br>1. 常规教学<br>2. 队列和体操队形<br>采用原地转法，列队、并队走。<br>教学资源：运用皮筋设计列队和并队的路线。<br>设计意图：队列、队形练习可以培养学生良好的身体形态和集体主义精神，调动学生体育学习的积极性，使学生带着目标进行学习。<br>**二、准备部分（7 分钟）**<br>跳皮筋基本动作练习操：外点筋、内点筋、右腿侧迈筋、左腿侧迈筋、右腿正顶筋、左腿正顶筋、绕筋组合。<br>教学资源：运用皮筋和音乐《跳皮筋》进行皮筋热身操练习。<br>设计意图：将跳皮筋的十种基本跳法创编成 7 节热身操，既作为热身活动来为主要内容作铺垫，又作为承前启后的知识点为学习新知识作衔接。 |

| 教学过程（文字描述） |
| --- |
| **三、基本部分（27 分钟）**<br>1. 教师教授皮筋舞第二高度动作第一个组合（1 个八拍）<br>（1）教师设疑：内点、外点、一个绕筋组合如何做?<br>（2）学生进行解疑。<br>（3）教师表扬后进行动作讲解和示范。<br>（4）学生集体学练。<br>2. 教师教授皮筋舞第二高度动作第二个组合（1 个八拍）<br>（1）教师设疑：右迈筋、左迈筋、右迈筋后双手左右摆 3 次如何做?<br>（2）学生进行解疑。<br>（3）教师表扬后进行动作讲解和示范。<br>（4）学生集体学练。<br>3. 教师教授皮筋舞第二高度动作第三个组合（1 个八拍）<br>（1）教师设疑：第二组合动作结束后，右脚是在皮筋外侧还是内侧?<br>（2）学生商讨，自练后寻找答案。<br>（3）教师肯定学生的答案并及时表扬。<br>（4）教师设疑：连续绕花跳两次如何做?<br>（5）学生进行解疑。<br>（6）教师表扬后进行动作讲解和示范。<br>（7）学生集体学练。<br>4. 教师教授皮筋舞第二高度的动作第四个组合（1 个八拍）<br>（1）教师设谜语：“浏阳河动作如何双脚跳出？”<br>（2）学生进行解谜并大胆演示。<br>（3）教师表扬后进行动作讲解和示范。<br>（4）学生集体学练。<br>5. 教师教授皮筋舞第二高度的动作第五个组合（2 个八拍）<br>（1）教师讲解示范并出示第五组合动作图片。<br>（2）学生进行观看。<br>（3）学生集体学练。<br>6. 教师教授皮筋舞二高度的动作第六个组合（2 个八拍）<br>（1）教师讲解示范第六组合动作。<br>（2）学生进行观看。<br>（3）学生集体学练。<br>7. 皮筋舞第二高度的动作图形串联练习<br>（1）教师设计出两个三角一个方形的图形要求学生小组协作进行图形拼接。<br>（2）学生自由结组进行图形拼接。<br>（3）学生集体听音乐练习皮筋舞一至六组合动作。 |

| 教学资源设计 |
| --- |
| 教学资源：8 根皮筋、伴奏音乐、教学口诀图片。<br>设计意图：教师利用设疑的方式吸引学生思考动作要领，并通过小组的自主体验验证动作方法，最后教师进行动作的讲解和示范并点评学生的想法，学生练习积极性较高。另外，组合一、二的动作比较简单，学生之前就已经掌握，在此环节中采用循序渐进原则来复习旧知识、获取新知识。在组合三中，教师的设疑成为学生获取新知识的钥匙。学生顺着教师的疑问探讨出下一个动作的方法，学生获取新知识的欲望很高。<br>组合四的动作是皮筋舞“浏阳河”的动作，与两个跳花的动作很相似，只是在一个花的基础上加个转身动作，学生在学会前一个知识点的基础上基本都能做出这个动作。因此，组合三与组合四是紧密衔接的，练习中组合三是基础，学生能够理解动作并大胆演示自己的动作，激发了小组展示和竞争的欲望。此环节体现了小组的体验与合作。<br>组合五和组合六是皮筋舞第二高度的动作中最难的组合，主要使用顶筋、跳筋同学与撑筋同学高低位的配合，以及踩筋后手及时将筋从脚下拿出并挑筋过头的动作。在此教学环节中，教师展示了动作图片和要领口诀来帮助学生对动作进行学习和理解。<br>图形串联练习是在学生掌握皮筋舞第二高度中的所有动作后，进行的创编环节，学生自由结组，小组商讨拼接图形的对策，从而培养学生团结合作的精神。学生在小组的交流与探讨中很快就将图形拼接好，教师组织学生在拼接好的图形上进行第二高度动作的整体练习，这也是利用形式变换激发学生对所学知识的复习与展示，学生面对自己跳出的图形和高低变化的造型特别有成就感，练习兴趣高涨，教学目标达成较好。<br><br>**四、结束部分（3 分钟）**<br>1. 自编放松操<br>2. 教师宣布下课<br>教学资源：8 根皮筋、音乐伴奏。<br>设计意图：在轻松舒缓的音乐节奏下，教师引导学生做伸展性练习，对全身进行放松，让学生得以尽快恢复，并养成良好的锻炼后放松的习惯。让学生谈谈参加集体活动的感受，有助于增强学生的自信心。 |

**【点评】**

田畅老师的课程，根据教学任务设置的教学内容与组织形式符合课程的主题。课程的流程及内容、前后的安排与练习的次数、运动量的大小符合小学学知炼体的规律。在 40 分钟内，学生始终处于动态中，既学会了跳皮筋翻筋的动作，又在趣味游戏中了解了生活，了解了自然，能充分享受合作的快乐，感受到“团结就是力量”，这是一节凸显儿童自主性、能动性和创造性，引导儿童思维和实践活动的体育课，有助于学生快乐、健康、全面、和谐地发展。希望老师在教学中努力发挥师生双主体的教育作用。

——关槐秀

# 后记（一）

游戏是人类历史上早已形成的娱乐方式，是古老的文化之一，更是一种有利于学生全面发展的教育手段。游戏可以让每个学生都体验到乐趣和成功。寓教于乐是当前教学改革的趋势，在这个趋势中，游戏将会成为重要角色，发挥重大作用。

游戏对于每个人的成长都是不可缺少的启蒙教育。在人的生命历程中，游戏是学生的“良师”，是教师的“益友”。

我们呼吁让更多更好的游戏“回”到孩子们身边，走进我们的学科课堂，帮助学校素质教育走向成功。

回首少儿时代，我最喜欢老师带着大家玩游戏。在游戏中，不论扮演什么角色，无论胜负，大家都非常开心。我喜欢老师，所以长大了也想当老师。大学毕业后，我真的实现了自己的愿望，反而紧张得不知怎么走进校园，走进课堂，更不知如何面对众多学生。我从自己的从小学到大学的上百位性别不同、年龄不等、学科不同、经验不同、风度各异、修养有别的教师中，寻找优秀教师，总结他们走向成功的共同点。我开始轻松了，对教师的地位、作用，教师的职责与工作目标，教师的标准与要求，教师的必备素质等有了新的认识，找到了努力的方向。教师的职责是“千教，万教，教人求真”。渐渐地，我能尝试着编写《体育与健康》校本教程，并坚持学习陶行知教育理论，走“生活教育的育人之路”。

我感谢国家对教育改革发展的重视，感谢校长和教师集体对青年教师的指导与帮助，这些激励我把全部精力和汗水，把自己一切宝贵的品质贡献给学生，贡献给教育事业。

刘佳妮

2019 年 9 月

# 后记（二）

跳皮筋是来自我国民族、民间的体育游戏。在第一届全国运动会闭幕式和第二届全国运动会开幕式上，北京市朝阳区1800名少年儿童在工人体育场表演跳皮筋，获得了国家领导和观众的热烈掌声，各大媒体争相报道给予鼓励，这项展示是周恩来总理的创意。

20世纪60年代，在北京市教育局、体育局领导的重视和组织下，由北京体操协会制定了跳皮筋赛事规程、规则。每年儿童节在北京市少年宫举办少儿跳皮筋比赛的传统沿袭至今。

北京市海淀区香山小学长期以来积极开展民族体育运动，开发了自己的民族体育校本教程，又让跳皮筋运动走进课堂，推动了学校体育教育改革。

艺术跳皮筋虽然以下肢运动为主，但需要手臂和身体的协调配合，是一项全身性的体育运动。在艺术跳皮筋中，有时要快速摆腿把超过头高的皮筋准确地踩住，甚至要沿着皮筋准确地做侧手翻、前翻等技巧展示。这些都要求参与者有较好的动作连贯性、控制和判断的能力。这项运动对提高少年儿童的身体素质，如柔韧性、灵敏性、协调性、速度等都有一定的作用。

感谢本书的主编北京市海淀区香山小学校长司常水、执行主编刘佳妮老师为孩子们身心健康发展提供多元化平台，让孩子们在艺术跳皮筋运动中体会快乐、增进健康。

关槐秀

2019年10月